転生会議

tenseikaigi

課題がわかると人生は楽になる

光明／池田整治

ビジネス社

プロローグ

「クソババア、さっさと死ね！」

中学生の娘から罵声《ばせい》を浴びるまでそんなに時間がかからなかった。ほんの数カ月前まで、お母さん、お母さんと慕っていたのに…。

東京都内の私立中・高一貫校に通う中学一年生の鈴木アイ子さん（仮名、以下プライバシーの関係上、登場人物はすべて仮名）は、明るくて元気な、どこにでもいる普通の女の子でした。

そんなアイ子さんをいきなり変えた原因がどこにあるのか、アラフォーになった専業主婦の母親・恵子さんには、皆目見当もつきませんでした。

鈴木家は、ＩＴ関連会社に勤める夫の健人さん、都立高校に通っている兄の貴君との四人家族。マンションの住民にも評判のよい家族でした。まさに典型的なサラリーマンの家庭環境で、アイ子さんも伸び伸びと育ちました。

恵子さんは、自分自身に落ち度があったのか、それともアイ子さんの周りに悪い友達ができたのかと色々考え続けました。しかしどうしても思い当たらず、日々落ち込み、そのうち「うつ状態」のようになってしまいました。

恵子さんは夫であり、娘の父である健人さんに相談します。

思春期特有のものだろうとタカをくっていた健人さんも、さすがに状況を聞き、そんなに悪いのかと残業続きで疲れ切った顔を曇らせながら、恵子さんに何度も聞き返しました。

そういえば恵子さんも、ここ一カ月で随分やつれました。

恵子さんは強い眼差しで、次の三点を健人さんに伝えました。

・生活態度、特に母親に対する憎しみのこもった辛辣《しんらつ》な言動
・登校拒否状態で部屋に閉じこもっている
・先生とも相談し、交友関係についてはすでに確認済み

「私にはわからない。あの子が意味もなく、突然怒り出すようになったのだから。もう何もかも嫌になった。頭がどうにかなってしまいそう…」

そう言いつつ、恵子さんは、こうなったのはいつ頃からだったのかと、頭の中にある数々の記憶を必死に引っ張り出していました。

今思えば、ちょうど一カ月前のあの日、アイ子さんのバスケット部の夏季合宿が一日早く終わって、九日ぶりに自宅へと帰ってきた時だったように感じられるのです。

偶然にもその日は健人さんも珍しく残業がなく、貴君も友人宅に泊まりに行っていて、夫婦水入らず、リビングでお酒を飲んでいました。

そんな両親を見た瞬間の、アイ子さんの驚いた顔と失望した顔が、恵子さんの脳裏によみがえってきたのです。

しかしながら自分たちの娘が、夫婦水入らずの状況を見て気分を害すること自体、恵子さんには信じられません。

〈そんなこと、あり得ない…〉

しかし何度思い返しても、その日を境にして母娘の関係が悪化していったように思われて仕方がないのです。でも、そのことの一体どこが問題なのかが、恵子さんにとって全く理解できません。

あの時の雰囲気は、夫婦の仲のよさが伝わる典型的な風景であり、子育て、つまり教育上もプラスのことだと思うからです。

ここで重要なことがあります。

実は娘であるアイ子さん自身も、なぜこうなってしまったのか、全くわからなかったという事実です。ただ単に母親に対して、急に感情的な憎悪感が湧き起こってきただけなのですから…それも意味もなく、突然に。

心の奥底から生じる母親に対するネガティブな感情と、それへの自己嫌悪から、彼女自身悩み、生きることさえ嫌になり、引きこもってしまったのです。

●どの家族でも起きている？

さて、こんな不思議なことが、どこの家庭でもあり得るのでしょうか？

登校拒否や家庭内暴力は、添加物だらけの食生活やコンクリート建築など、いくつかの原因が特定できるようなケースも最近では指摘されていますが、それでもごく普通の恵子さんのような家庭にとっては無縁だったものです。

果たしてこんな「きっかけ」で、家庭が崩壊するのでしょうか？

様々な先生や医師に相談しても、また書籍や雑誌やインターネットなどで調べても、恵子さんには一層「謎」が深まるばかりで、解決の兆《きざ》しが見えませんでした。

そんなある日、思いもかけない方向から解決できるチャンスが舞いこんで来ました。

そのチャンスとは、知人が霊透視（霊視）能力のある人からボランティアで過去世を見てもらい、悩みが消えたという話でした。藁《わら》にもすがる思いで、恵子さんは霊能力者である光明氏に相談と鑑定を依頼しました。

開口一番、恵子さんは「どうしたらいいでしょうか?」と尋ねました。

光明氏は早速、恵子さんの「手相など（手のしわ・手の形・指の形）と人相（顔のしわを含む）」で確認するとともに、その悩みを聞いたのです。

そして、恵子さんの魂の霊視により、現世（今生）と最も関連ある「過去世」について観《み》る（鑑定）ことにしました。

●鈴木恵子さんの過去世

どこまでも続く、明るく深い真っ青な空と、果てしなく広がる緑の台地の中を、東から西へと蛇行しながら悠々と流れる大河が見えてきました。そのほどよく蛇行したところにちょっとした中の島があり、西洋風の建物が立ち並び、多くの人々の姿が見えます。

どうやら、その中の島を中心とした洒落た雰囲気の街で、中世の都会のようです。岸辺には多くの尖塔が並んだ大きなカトリック大寺院らしきものがあります。

行き交う人たちの服装から推測すると、一八世紀のヨーロッパ、それもフランス革命以前の王侯貴族全盛時代の首都パリのような感覚とイメージが、強烈に伝わってきました。

その街中に、馬車に乗っている、とても綺麗なドレスで着飾り一段と華やかな雰囲気の淑女がいます。その貴婦人こそ恵子さんその人であることを、私は直感しました。

社交界の華として、彼女はとても輝いていいます。当然、若い男性を虜にするとともに、数多くのナイスガイと恋を楽しんでいるような雰囲気があります。

ただその中において、彼女を惹《ひ》きつけてやまないのが、とある壮年の由緒ある貴族でした。その貴族は妻子ある人物ですが、品格と教養、それに端正な顔立ちが彼女の心に焼き付き、一日も頭から離れません。

よく見るとその貴族は、どうやら今生のご主人、つまり健人さんそのものらしいのです。彼女はその貴族に恋をし、愛したわけです。つまり「不倫関係」か「愛人関係」になりそうな危険な状態であったものの、その過去世では成就することはなかったのです。

しかし彼女の強い思いが叶い、現世における夫婦関係へと成就した、ということが想像されます。

それでは三角関係にあった、もう一人の当事者、つまり貴族の正式な「妻」は一体誰だったのでしょうか？

もう皆さんもわかるかと思います。その貴族の正式な妻であった女性こそ、アイ子さんその人だったのです。アイ子さんは夫を恵子さんに渡すのが嫌で、その仲を裂こうと、今生まで後追いで生まれてきたのです。

●人はなぜ生まれ、そして死ぬのか

人として生まれてきた大きな理由は、「愛」と「調和（共生）」と「感謝」を知り、それを実践して「学ぶ」ことにあります。

魂の波動を上げるために生まれてくるのです。一人ひとりに、それぞれ「学ぶべきこと＝課題」があり、その課題の壁を乗り越えて（クリアして）、人生の階段を一段ずつ昇っていくわけです。

つまりステップアップしていくことに、人生あるいは「輪廻転生」の仕組みと意義があるのです。

端的に言えば、この世は魂が「勉強＝修行（課題を実践）」するために来るところであり、魂の体験のための乗り物が肉体です。

肉体に宿ることが、今生における人間の誕生というわけです。

ところが、この肉体というものはとても「不自由」な乗り物であるため、魂の目的を達成するためには、努力や苦労などの修行が必要です。

また、人の死とは、その人生における勉強＝修行が終了して、肉体という乗り物から魂が降りることであり、卒業して次の段階へと魂が進むことを意味します。だから人の本体である魂を基準にすれば、本来「死への恐怖心」などは出てこないはずです。

そうは言っても、私を含めた現段階のほとんどの人たちは、ちょうど精神的未熟児みたいな状態で、なかなか死を受け入れる準備ができていないという現状にあるわけです。

さてここから先は、私が長年信頼してきた人物であると同時に、一二〇〇人を超える人々への霊視で、日本全国に驚きと感動の輪を広げる光明氏による体験談をもとに、転生を続ける魂と人生の役割について、わかりやすく解説していただくことにします。

池田整治

第一部 なぜ霊視ができるようになったのか

第二部 霊視による「転生」の具体例 現代社会における緊急問題を解き明かす

第三部
人はなぜ死に、そして生まれ変わるのか

二　愛の意味を知る

「プラスの愛」の事例

四　感謝の意味を知る……180

「生かされている」の事例……181

エピローグ……195

第一部

なぜ霊視ができるようになったのか

一　生い立ち

●豊かな自然の中で育ててもらった

私（光明）は昭和三〇年代、東北の自然豊かな城下町S市で生まれました。はるか南に東西に青い山々が連なり、このふもとから大河が悠々と流れて平野を形成し、戦国時代にその真ん中に城が築かれて発展した町です。小さい時からこの大自然に囲まれた田舎で育ちました。

我が家は美味しいリンゴなど、果物がたくさん採れる農家で、三人兄弟（本当は四人姉弟なのですが、私の生まれる以前に二番目の姉が一人亡くなっていたため、実質的な三人姉弟）の末っ子として、伸び伸びと育った記憶があります。

都会での生活が長くなればなるほど、幼少時代の田舎生活がまるでおとぎ話のように思えてきます。

大地はどこも黒々とした地肌が出て、あらゆるところに緑があふれ、現在のコンクリート世界しか知らない都会の子どもたちには想像できないでしょう。東北地方は、確かに雪に覆われる冬は厳しいですが、その分、四季の移り変わりにメリハリがあり、春夏秋冬、大自然を味わうことができます。特に夏の裏山での陣地取り合戦や、秋に野山で仲間と丸かじりしたリンゴの味、厳冬の真っ白な雪原でのスキーの爽快感、純白一色の世界から春一番が吹いて根雪から春の新芽が出た時の感動などは、今でもかけがえのない懐かしい思い出として脳裏に浮かびます。

このような自然と一体化した生い立ちが、人間本来の様々な感性のＤＮＡを「オン」にしてくれたのではないかと思います。これは、都会の子どもたちが自然の中で遊ぶ場所がなく、友達とつるみながらもコンビニ前の駐車場（駐輪場）などで携帯ゲームにはまり、「攻撃性」のＤＮＡのみがオンとなる環境とは正反対だと思います。

たぶん、私の霊視（霊透視）能力も、生まれながらのこうした大自然の恵みという環境がなければ発現しなかったかもしれません。

二　霊感・霊視

●幽霊？「変な人」への対処法の発見

ちょっと普通の人と違う、というわけではないのですが、物心つく頃（記憶に残っている最初の時）には、私には「幽霊」が見えていました。

当然、周囲の人にも幽霊が見えているのだと、勝手に思っていました。

このため葬式などがあっても、写真と同じその人が式場内で普通に見えていましたので、一体何をしているのかと不思議に思っていました。

ところが、何だかそのこと自体が「他の人とは違う」ということに、小学生の高学年頃からうすうす気づくようになり、私はこのことを「個人の秘密」にしてしまいました。

それでも、幽霊たちは相変わらず見えますし、ひどい時にはパワー（霊力）の差によって怖くなってしまうことも多々ありました。

段々年を重ねるごとに、私は幽霊に慣れていきました。必要であれば誰もいない時に限って、実際に口で「文句」を言って幽霊を追い払うことも少しばかりできるようになってきたのです。

もっとも、そんな「幽霊対処」を確実にできるまでになるには、「大事故」に近いことをいくつも経験したし、一歩間違えば確実に「死」に直面していただろうということも覚えています。

不思議なことに、この能力（霊力）は世間一般では「大人」になる時、またはいずれかの時期において、消えていく能力だと言われているのですが、なぜか私自身はいまだに常に持ち続けていると同時に、逆にますますパワーアップしていきました。

このため霊感など、いわゆる霊能力のコントロールができるかも、ということで、「般若心経」や「密教真言（マントラ）」などについて興味を持ち、独学で勉強していた時期もありました。

日常生活や仕事時間（通常意識モード）においても数多くの「幽霊」が無関係にやって来るため、私にはバリア、というか何らかの遮断する方法が必要だったのです。

三　幽霊はどこに？

●「田舎」と「都会」ではどっちが多いのか？

私が住んでいたのは片田舎だから、「魑魅魍魎《ちみもうりょう》」とか「幽霊」がいっぱいいるのでは、という感覚をお持ちになる方がいるかもしれません。

しかし実際には、普通の幽霊に関しては都会のほうが断然多く、大都会にはウジャウジャ存在しています。

わざわざ怖いもの見たさで「心霊スポット」なんかに行かなくても、都会ではあなたのすぐ隣に幽霊が存在します。時には幽霊本人が死んでいると気づかないで、その家族や恋人と一緒になって生活していることもあります。

確かに心霊スポットの幽霊は、お化け屋敷で幽霊役の人間が見物客の人間を脅かすのに似ています。彼らは「生きている人間を脅かすのが極端に好き」とか、「人間に災いをもたらすほどの強力な悪霊・自縛霊である」という点以外では、普通の幽霊と変わりません。

この事実から理解してもらえると思いますが、大都会には通常の幽霊が数多く存在し、夜だけではなく真っ昼間から堂々と歩いたり、浮遊したりしているのです。

そのため、街中ではほとんどの人々が気づくこともなく、幽霊とぶつかっていて、その中で、たまに霊感の強い人だけが「あれっ」と感じるだけのことなのです。

要するに、人間が集まるところは通常の幽霊にとっても集まるところです。彼らも、肉体は持っていませんが、同じ人間なのですから。

小学校・中学校・高校・大学などの「学校」や「公園」「テレビ局」「入院していた病院」、ホテル・旅館などの「宿泊施設」、電車・地下鉄・バスなどの「交通機関」、そして「商店街」や「ショッピングモール」など、挙げるときりがありません。面白いことに、幽霊自身が「集合写真」あるいは興味本位で「テレビドラマ」や「映画の撮影」などにも出没するということです。

四　「臨死」体験

●幼児期における最初の「臨死」体験

私は小さい頃から何度か「臨死」体験をしています。

ひょっとすると、この臨死体験が、誰もが本来持ってはいるものの通常は作動しないはずの霊視能力をオンにしてくれたのかもしれません。

それは、すでにかすかな記憶としてしか残っていない幼少期であり、だいたい三歳前後のことでした。

長くて厳しい冬が終わり、雪解けとともに春が到来したと思えば、すぐに短い夏が駆け足で過ぎて行きます。あれはその年の夏祭りが終わって一段落している時でした。

秋の農繁期に入る前でしたので、夕食後の家族団らんの中、兄弟でじゃれ合って遊んでいました。当時はテレビ番組も充実していなかったので、子どもにとってゴールデンタイムは、兄弟と遊ぶ絶好の時間帯だったのです。

男の子というのは学校に入学する前後で、生まれて初めて親の庇護を離れて多くの人間の中に入るという環境変化が精神的ストレスになるのか、性格が極端に変わる場合があります。

私の場合もまさにその例に漏れず、姉や兄らの話によると、小学校に入る前は、素直でいつもにこにこ笑っているよくできた?弟だったにもかかわらず、小学校に入って以降は急に無口になって、根性が悪くなったように感じたらしいのです（私には全くその自覚はありませんが）。

いずれにせよ三歳前後の私は、いつもにこにこして不思議なことを言っていたらしく、ほかに遊ぶものがあるわけでもないので、兄と姉もまるで猫や犬とじゃれ合うような感覚で私と遊んでくれていたそうです。

その日もいつものように兄弟三人でじゃれ合っていた時に、何かの弾みで急に私が、

「いたたっ、イタイ！　イタイ！」

と泣き叫び始めたのです。

何をしても泣きやまず、両親も心配になって病院に連れて行こうとしましたが、田舎に夜間救急病院などあるはずもなく、やむなく近くの整体師（というか、たぶんそのような感じの先生）のところへ行きました。

そして、一応の治療は受けて家に連れ帰ったものの、高熱で意識が朦朧《もうろう》とし、さすがに家族も危ないと心配して一晩中看病していると、朝方になってようやく熱が収まり、家族の呼び声に応えたということだったらしいのです。

その時の実際の自分の体のことはハッキリとは覚えていません。

しかし、いわゆる「初めての幽体（体外）離脱」だっただけに、その意識だけは今でも鮮明に残っています。

兄や姉と遊んでいる時に、突然、左肩から頭にかけて割れるような痛みが起こり、体温も一気に上昇したため、意識が半分以上「朦朧」となったように感じていました。朦朧とした意識の中で、不思議なことに数限りない「幻覚」やそれに近い「非日常の現実」を見ていました。

さらに段々、目の周りが「白い光」でいっぱいになり、ふと気がつくと、天井から布団で寝ている自分自身の泣き叫んでいる姿を見ていました。

浮かびながら布団の中で泣いている自分を見ていると、何だか本当の自分ではなく他人のような感じがしてきたため、面白くないので家の外へ出てみました。

というのは、横に私がいるというのに、なぜか家族の誰も私を認めてくれず、声をかけても皆「寝て泣き叫んでいる自分」にしか興味がないようでしたので、そのままずんなり出てしまったのです。

家の外は真っ暗闇でしたが、不思議と怖いという感覚がなく、かえって自由で楽しいという感覚に変わっていました。

気づくと、歩かなくても飛ぶように道を進むことができるし、それ以上に、木の上や家の上にも、積雪という架け橋がないにもかかわらず、簡単に上ることができました。町全体が見たいと思った瞬間には、大きな川の上から綺麗な夜景を見ている自分がいました。

それがとても面白くて、色々なお店の上空やデパートの屋上などをぐるぐると楽しく飛び回って遊びました。


かなり長い時間遊んでいたのですが、遊び疲れたというか、段々面白くなくなったので家に飛んで戻ろうとしました。

ところが大きな川まで行くと、先ほどまでとは全く違った雰囲気になっていて、今度は全体がすっぽりと「霧」に覆われていました。その瞬間、これはまずいと思って下に降り、向こう岸に渡るための大きな橋のところに行ったのですが、橋がありません。

あちらこちらと橋を探し回ったのですが最後まで見つからず、そのまま川岸に座りこみ、疲れて眠りこんでしまいました。

そのうちラッキーなことに、どこからか聞き覚えのある声で私を呼ぶ声がしたので目を開けると、家族が周囲にいて、布団の中で寝ている自分に気がつきました。

何がどうなったのか、当時は全くわからなかったのですが、今にして思えば、あの世に行かないで助かった、ということだけは間違いありません。

●バスにはねられる瞬間助けてくれた力の正体

幼い時の不思議な体験をもう一つ紹介します。

小学生の頃、田舎では自転車競走が流行りました。文字通り、公道でコースを決めて競争するのです。

ある日、友達と競争していて、Y字三叉路で私はバス通りに勢いよく飛び出してしまいました。運悪くバスと鉢合わせになり、思わず轢《ひ》かれる!と、目を閉じました。

ところが不思議なことに、すごい力で引っ張られて助けられたのです。

傷なども一切ありません。バスの運転手さんも急ブレーキで止まったものの、確実に私をはねたと思ったらしく、慌てて降りて確認に来て、安堵《あんど》の表情を浮かべていました。

ちなみに、公共のバスを止めてしまったことで、子ども心にも「まずい」と思い、家族には内緒にしておきました。

しかしやがてばれてしまい、父親から何十回と殴られました。ただし、母親のように押入れや真っ暗闇の土蔵に閉じこめることはなかったので、かえって殴られてよかったと思いました。


その後しばらくして、母親が「○○山のイタコ」に、幼くして死んだ次女のことを聞いたところ、不思議なことがわかりました。

私にとっては姉に当たるその次女が、自転車事故で危ない私の左腕を必死に引っ張って助けてくれたということでした。

彼女は、私の守護霊の一人として助けてくれたわけです。いずれにせよ、ご迷惑をおかけして申し訳なかったと思います。今更ながら、心から反省しております。

●キャンプ場での「臨死」体験

今から十数年前、多くの友達と一〇台以上の車を連ねて、Y県の有名なオートキャンプ場へ出かけました。

子どもたちの夏休み直前でしたが、七月下旬までの長梅雨がようやく明けたばかりで例年より川の水かさが多く、ちょっとまだ夜はひんやりするような感じの気候でした。私たちは年に一度の家族ぐるみのアウトドア・ライフを存分に楽しもうと、楽しみに集まっていました。

特に子どもたちはまだ夏休みには入っていませんが、遊び気分満載です。

何しろ、「川遊び」「プール」「バレーボール」「サッカー」「虫取り」「キャンプ場の森探検」、さらに夜の「バーベキュー」「花火」「枕遊び」など、起きてから寝るまで自然の中での遊び三昧に、楽しくて仕方がないという状況でした。

もちろん私たち大人にとっても、都会での生活から離れた大自然の中での、仕事と全く関係のない心許せる楽しい仲間との「非日常的共同生活」です。

普段できない様々な語らいの場ともなり、子どもたち同様、わくわくドキドキ感でいっぱいでした。

キャンプ場に到着すると、早速宿営場所を確認して速やかにテントを張り、必要な寝具や食料を車から降ろした後、車を駐車場に入れてひと安心。とりあえず「まずは一杯！」と、テントに戻る前からビールで喉を潤《うるお》していました。

大人たち、特にお父さん方にとっては、どちらかというと普段の心の制約を取り払って、

「アルコールを思う存分、体に注入する」ことがキャンプだ、みたいな潜在意識の働きもありました。

食事については、キャンプに来る前からあらかじめ仕込みをしっかりしているので、着いてからは「焼く」か「煮る」かの調理の最終段階だけ。実質的な準備はほとんどありません。

大人グループのうち、持ち回りの「子守専門隊」担当者以外は、ビール片手にフランクな気持ちで、楽しくワイワイガヤガヤしていました。

自称キャンパーでキャンプ慣れしていた私は、車のドライバーとテント張り、料理の仕込みの一部を担当して、早々とビール片手にリラックスしていました。

特にこの時は、外国から来ている友達相手に、笑い半分とアルコールによる度胸半分の「英会話教室」、中でも世界小話集などを日本人の友達数人を交えて楽しんでいました。

そんな時に、私の長女が川遊びしたい、と言い始めました。

最初は子守専門隊にお世話をお願いしたのですが、娘が嫌がったため、飲んでいた三本目の缶ビールを調理台の上に置いて、長女に付き合うことにしました。今思うと、この時、すでにアルコールで行動が鈍くなっていたのかもしれません。

暦《こよみ》の上では、すでに夏休み直前の「真夏」で、出発した平野部は気温が高くなっていました。

しかし、ここは山間部のキャンプ場で、しかも「梅雨」がようやく明けたばかり。川の水かさが多い上に、アルコールのせいか、足を浸《つ》けただけで冷やっと感じる水温です。子どもと一緒に水の中に入って泳ぐ気にはなれません。

そこで服装も、Tシャツ・海パン・キャンプ用サンダルといった格好で、娘の川遊びにお付き合いすることにしました。

長女は川遊びをとても楽しみにしていたようです。

水着への着替えをあっという間に終えると、私の手を引っ張って川辺に着くや、浮き輪の中に入ってそのまま水の中に飛び込むような勢いです。

小さい子の川遊びは、下流で大人がしっかり構えて、少し上流から浮き輪に身を任せて子どもが流れて来るのを受け止めてやります。

プールのような場所では一緒に泳げばいいのですが、その時はとても水が冷たく感じてそんな気分ではありませんでした。

嬉しくてたまらないといった表情の長女とは対照的に、私はただ仕方なく、「水量が多い」「流れが速くて危ない」「川の水が冷たい」などとぼやきながら水辺に留まっていました。

「アキちゃん、川の水冷たいよ。大丈夫？」

と言うと、

「パパ、アキちゃんは大丈夫」

そう返します。さらに、

「ほら、アキちゃん、水が多いし、流れも速いから危ないよ」

と、だめ押し気味に言葉を換えると、

「アキちゃんは大丈夫。花柄の浮き輪もあるし」

ここまで言われたら、もう黙って見守るしかありません。

「はいはい、じゃパパはこの辺で待っていますから」

と、中州のため本流から別れた小さな支流の最後の、本流に再び合流する直前のところに行きました。水深は膝のちょっと上くらいでしたが、冷たい水に思わず背筋がピンとなりました。

驚いたことに、思った以上に流れが速かったのです。そこでしっかりと足場を固めて、川流れを楽しむ娘をキャッチする態勢を整えました。

「アキちゃん、パパこの辺でいいかなあ」

確認の意味でそう聞いてみました。

「パパ、アキちゃんいっぱい楽しみたい。もっともっと川滑りしたいから、パパ遠くへ行って」

アキちゃん様からご指導を受けたので、仕方なく、本流が堅い岩盤にぶつかって大きく蛇行し、まるで「滝壺」みたいな淀《よど》みになっている直前まで行くことにしました。周囲を見回すと、ちょうどほかの子どもたちもいなくなり、長女が独占的に遊べるスペースになっていたのです。

「寒い」などとブツブツ言いながら、川色が濃くなり、ちょっと深そうな淀みの近くへと、私はゆっくりと移動しました。

私自身、あまり泳ぎは得意ではありません。

水が冷たい上にアルコールもかなり入っていたものですから、次第に動作が鈍くなっていたのだと思います。

何よりも、そこまでの流れの色とはかなり違う、真後ろの深い藍色の蛇行ポイントに、本能的に嫌な感じを受けていました。

とその時、「ズルッ！」という音とともに、足場のバランスを崩してしまいました。慌てて体勢を起こそうと、川底の砂利というか石ころを探して足を動かしました。しかし川の流れは想像以上に強く、ずっと川の中にいたためか、かなり足が冷たくなっており、思うように動かせません。

体中にアルコールが回っていたのも影響したのでしょう。水流に足を取られ、「バシャッ！」と前のめりに倒れてしまい、私はそのまま深い滝壺のような淀みへと引きずられ始めました。うわっと、叫びとも言えないくらいの小さな声しか出ませんでした。

「足が引っ張られていく、危ない」

必死になって川底と岸辺にある大きな石にすがりつこうとしました。

「早く、何とかしなきゃ…誰か助けてくれ」

しかし、川遊びをしていた数十人のほかのお客さんたちも、一緒にキャンプに来ていた二十人ほどの仲間や友達も、誰一人として気づいてくれません。

数メートルほど一気に流されたので、懸命になって手と足をバタつかせ、一回、二回、三回と水面に顔を出しました。しかしその都度、足元をすくう流れの強さと水の冷たさが、私から体力を奪っていくのを感じました。

ついに滝壺のような淀みの淵まで流され、必死に這《は》い出そうと、もがけばもがくほど、

新たに流れてくる水の勢いにつられて、私の体も底へ底へと引きずりこまれていきました。
「何とかしてくれ、みんな助けてくれ!」
早いペースで体力を消耗していくのが、手に取るようにわかりました。
苦しいはずなのに、逆に意識ははっきりしており、私は五メートルほど淀みの川底の方へと引きずり込まれていきました。

もう、疲れてしまった。
誰も、助けてくれ、が届かないのか。
すでに肺の空気もなくなってしまったようだ。息苦しい。
みんなの川遊びしている楽しい声が私のレクイエムか。
みんな、ごめんなさい。体がもう動かない。

息が苦しい、苦しい。もう水が肺に入り過ぎた。
もう、終わりだね。息苦しくて、胸が張り裂けそうだ。
何か、つまらない人生だったな。
他人の人生を霊視したところで、一体それが何だったのか。
息が苦しい、もうダメだ、続かない。
もう、すべてを観念した。事故を恨んでも仕方がない。
息が…苦しくて、苦しくて、もうたまらない。

私は全身の力が抜け、滝壺の底へと沈みました。

死んだな。もう、死んだんだよね？
私は自問自答しました。
これで正式に、三途の川を渡るんだな、と。
…しかし。

ん、苦しくないぞ、あれっ、どうしたのかな、全然苦しくない。

楽になってきたぞ。気持ちもリラックスしてきた。

精神が透き通っている。…霊視しているみたいに、心だけじゃなく体全体まで軽くなってきた。何かすごいぞ。肉体の苦痛から解放されたみたいだ。やったね！　これが本来の魂の自由なんだ。

本当に、こんなにクリアな感覚・体感なんだ。

肉体の死っていうものもいいもんだね。

まあそうは言っても肉体は沈んでしまっているようだし…息が途絶えて土左衛門《どざえもん》みたいな感じだね。

とりあえず申しわけないから、皆さんに挨拶《あいさつ》しに行こうかな。まずは家族だよね。


で、早速妻のところに行くと…

「まだ彼女たち（妻の友達）と喋っているじゃないか。仕方ない、将君（息子）とアキちゃんのところへ行って…ん？　そういえばアキちゃんをキャッチしなければ…あれっ、まずいなあ。アキちゃんをキャッチしないと…困ったなあ。ちょっと、確認しないと。あれ、アキちゃん」

そう思った途端、五メートルの川底に着地した感覚がありました。

次の瞬間、私はポーンと左足で底を蹴り上げました。

この時は全く息苦しくなく、クリアな精神状態で、ものすごく簡単に体を操作できたのです。体は川底から一直線に水面へと浮上しました。そしていとも簡単に顔が水面から出たのです。

ところが、どうしたことか顔を突き出して息を吸った瞬間、全身の苦痛が一挙に襲ってきたのです。それまでの、溺れているという感覚そのものがよみがえり、体中の血液が沸騰したような状態になりました。


突然、「ガツン」という音とともに、私の頭が半回転しました。

そうです、娘のアキちゃんが浮き輪をつけて、ニコニコしながら滑ってきたのです。ちょうど私が水面に顔、というか頭を出したところへ、狙ったようにぴったしカンカンで直撃したわけです。

私自身は実に数分間以上も息をしていなかったので、頭が割れるように痛いし、全身の疲労感が極度に達し、さらに浮き輪の娘による顔面強打。たまったもんではありません。

その後も運が悪いことが続きました。速い川の本流に流されて堅い岸壁に激突、背中のほとんどが傷だらけになってしまいました。この時点では、ただ娘の浮き輪にしがみついているだけで、私は必死でした。

この時の、つまり私が必死になって娘の浮き輪にしがみついていた姿が、その後の「酒のつまみ」にされました。

一方、娘のほうは、ぜんぜん遊んでくれずにただ必死に浮き輪にしがみついているだけの父親を見捨て、一人で川滑りに行ってしまいました。

すべてが散々でした。体の疲労も抜けないし、夕方近くまでテントの中で寝こんでしまいました。ただし霊透視のクリア感だけは、この「事件」以降、さらに深まりました。

五「光」体験

●「裸電球」の明かり？　本堂で体験した不思議な出来事

歴史好きだった私は、昔から神社仏閣に対して興味がありました。

そのため、全国のお寺や神社を巡っています。

これは今から二五年前、長い独身生活と、住み慣れた東京から離れた地域への転勤で気持ちが落ち込んでいたため、気分転換に一人でレンタカーを借りて九州地方を旅行した時に体験したことです。

福岡県と熊本県の県境に到着した時には、すでに夕暮れ時で、有明海が西日に赤く染まり、きれいな景色になっていました。

ちょうどその夕焼けに映えるように、東側の反対斜面の山中にあるお寺が赤く照らされていました。それを見た私はすっかり魅入ってしまい、そのお寺を目指して車を走らせました。

そのお寺に続く山道、というか細い参道では、すれ違う車もなく、まるで何かに導かれるように吸いこまれていきました。お寺の駐車場へと車を止めた私は山門をくぐり、一歩一歩、階段を上っていったのです。

本堂までたどり着くと、眼下に茜色に染まった有明海を挟んで、島原半島の山陰に沈む美しい夕焼けが、まるで絵画のように見えました。特に手前の平野部の田んぼの稲穂が、黄金色ではなく真っ赤に染まっているのが印象的でした。

しばらくはこの世のものとは思えないほどの感動的な風景を楽しんでいたのですが、徐々に暗くなります。

そろそろ車に戻ろうかなと、さい銭箱にお金を入れて出ようとして、ふと本堂を見ると、厄《やく》払いを説明する看板が目につきました。

そういえば私も「厄」かな、と思って読むと、前厄・本厄・後厄と、三年間「厄」が続くということを、この時初めて知りました。

そこで確認してみたら、年齢的に私も該当しています。いい機会だからと思い、お寺の受付で厄払いについて聞いてみました。

すると、約一五分、二〇〇〇円からできますよ、とのこと。

さらに、もしよかったら、すぐにでもやれますがということだったので、私はこれもご縁だとお願いし、ただちに本堂に上がりました。

「秋の夕日はつるべ落とし」と言われますが、まさしく夕焼けの明かりが少なくなり、急速に暗くなっていきました。

本堂の所定のところに座って合唱し、真剣に厄払いをお願いしているうちに祈祷《きとう》が始まりました。お経と太鼓の響きが段々激しくなり、真剣に「健康」などを含めてお願いしていた時でした。

暗い中、ふと私の後ろの方がちょっと明るくなったというか、つまり電灯がついたように感じたのです。

「ほかの誰か、お寺の関係者でも来たのかな」

私はごく自然にそう思いました。

それにしても何の音もしないし、その「電灯」の明るさが増してきたので、祈祷の途中ながらつい目を開け、後ろを降り向いたのです。

しかしそこは真っ暗です。誰もいません。「どういうことだ」と祈祷のさなか、大変失礼ながら、私はきょろきょろと辺りを見回しました。

ところが、私の後ろは真っ暗闇（遠くの電柱の明かりはローソクくらいの明るさ）であり、当然ながらそこには誰一人いません。

まるで狐につままれた気分でした。祈祷のお経と太鼓は何もなかったように続いていきます。もしかしたら、この「光体験」をするために、私はお寺へと導かれていったのでしょうか。

この体験が私のチャクラを開いて、さらに深い霊透視ができるようになったのか、残念ながらいまだその「回答」を得ていないのが真実です。

●星からのメッセージは何を意味するのか

次の話は単身赴任生活が続く中で、つかの間の家族と一緒に生活をしていた時の体験です。都内に自宅を構えたため、東北生まれの私にとって、夏はとても苦手でした。

その年は、秋になったというのに私にとってはまだまだ暑いので、北側の涼しい部屋に一人で寝ていました。

週末ともなると、大好きな歴史関連の本を読みふけり、インターネットで様々な情報を検索したりと、存分に余暇を楽しんでいました。

その日も、別にいつもと違った雰囲気など一切なく、夜の一二時近くになり、そろそろ寝ようかと折り畳み式ベッドを広げて横になりました。

この時には、すでに家族全員それぞれの部屋で寝静まっていました。

といっても、マンション内には数十世帯が住んでいますので、午前〇時を過ぎたところで人の行き来がなくなるわけではなく、時々住人の足音が聞こえていました。

さらに深夜徘徊《はいかい》などする若者のグループの話し声などが響いてきました。

そうこうしているうちに眠気のほうが勝ってきて、私は深い眠りへと入っていきました。

二〜三時間ほどが経った頃だったのでしょうか。

熟睡しているはずなのに、薄ぼんやりとした中、遠くから「チカチカ」と光っているのが見えた気がしてきたのです。

「誰か、夜中にライトつけて帰ってきたのがいるなあ。こんな真夜中に…寝ている人間が多いのに邪魔なやつだな」

しかし違和感がありました。靴音がしません。大きな星かな？　それにしても窓を開けっ放しで寝てしまったのかな？　色々な疑問が出てきました。

夢か幻かがよくわかりませんが、一所懸命になって考えている私がそこにいて、意識だけはハッキリしているのです。

「確かに窓は閉めてあるよなあ…？」

まるで夢から覚めて、起きて通常の出来事を体験しているかのように、次から次へと物事が連続して進むような感じです。かといって、一体全体、何が起きているのかさっぱり理解できないというか、まるですべてが夢物語のようなのです。

そんな不思議な状態で、覚めている私の意識が、何かを見つけたようなのです。私自身の肉体は、しっかりと折り畳み式ベッドの上に仰向けに横たわっているにもかかわらず、意識が、閉じている窓の外にある明るい星みたいなものを確実に見ているのです。

一瞬、頭の中で、これは以前読んだことのある「空海の洞窟の明星」（『空海の風景』司馬遼太郎著）と似ていると思いました。

すると段々、私自身がまるで洞窟の中の空海になったかのような姿になってきて、座禅を始めたのです。そんな体勢をとっている自分に対して、思わず「何なの、これは」と不思議に思っていると、揺れている「星」が近づいて来ました。その明るさがパワーアップしています。

「どうなっているんだ」

次の瞬間、いきなりフラッシュ・ライトをたかれた（あるいは、部屋の照明、つまり蛍光灯をつけられた）、目もくらむような明るさというか「光る現象」が起きました。

「まぶしい！　まぶし過ぎる！」

…そこには真っ暗闇の中、折り畳み式ベッドの上に上半身を起こしている私がいました。すっかり通常の意識になっていますから、部屋を見回して、蛍光灯が点灯していないこと、窓が完全に閉じていることを確認しました。

さらに、窓を開けて星空を見ようとしましたが、曇っていて星は何も見えないことも確認しました。

つまり、誰の足音もしない静寂の世界であることがわかったのです。

時計で時刻を確認したら、午前三時過ぎでした。

一体何があったのか、今もってわからない不思議な体験でした。

小学生になった頃から中学生にかけて、真っ暗闇の中に寝ていても、念じさえすれば光の中に入っていくようなことは、私には「常態」でした。

しかしながら、今回は自分自身が完全に熟睡しているにもかかわらず、つまり無意識のうちに、「まばゆいばかりの光」によって起こされてしまったのです。

かといってこの「光体験」により、何かメッセージらしきものがあったというわけではありません。

通常であれば何かがあるし、そうでなければこれまでのように「霊的存在」が直接その意味を伝えてくれていたというのに、今回は何もなかったため、ますます混乱というか不可思議な気持ちになってしまうのです。

瞑想をイメージしていただくとわかりますが、「光」というものは意識している中で「呼んだり」「お願い」をしたりするものだと思っていました。

決して「無意識」の状態において来るものではないと思っていたのです。

だからこそ、このような体験は私にとって、不可思議でたまらないということなのです。

確かに「あの世」らしきところへ「臨死体験」以外の方法で行ってみると、「三途《さんず》の川」を越えて最初にあるのが、現代人用にオリエンテーリングする「幽界」です。広さは、地球の一〇分の一くらいでしょう。

その次にあるのが、太陽系とほぼ同じ広さの「霊界」です。

そこには現世での生活態度に応じて天国から地獄まで用意されています。ただし、「基本コンセプト」として、好きなところへ行くことができるようになっているようです。

ただしこれらのことは、あくまでも私のビジュアル情報であり、強い根拠的なものも充分ではなく、説明が難しいところでもあります。

私の光体験は、その中でも最上級の「天国」における光の眩しさみたいな感じでした。

六　霊視コントロール

●様々な霊からの遮断コントロール

私自身は小さい頃に片親が亡くなったため、経済的に早く自立して働いていくしかありませんでした。

そのため、中学校を卒業後、上京して就職し、寮生活をしながら通信制高校に通い、社会人となりました。

先ほど若干触れましたが、社会人になるずっと前から、ちょっとした幽霊に対して、私は誰もいない状況であることを確認し、彼らに対して口に出して喋っていました。周囲に人がいるとそういうわけにもいかないので、その場合は心で念じて相手＝幽霊に伝えます。

そういう「訓練」を積んだせいか、私は若いうちから、幽霊に帰ってもらうとか追い払うようなことができるようになりました。

しかしながら、強力な幽霊やいわゆる悪霊だと、そのようにスムーズにやれることは稀でした。

そんな時には般若心経やマントラ（密教のご真言）を唱えていると、幽霊との間を「遮断」したり、「コントロール」できるようになりました。さらに、お経を読み続けることによって、精神的ないわば「クリアな感覚」を得ることができました。

この時、さらに波動が合えば、幽霊と同じ「感覚」となり、人間の本質である「魂」をはっきりと見ることができるようになりました。

人間本来の「魂」というものは、極めて純真な存在であり、とても素直なため、嘘をついたりなどしません。

その人の魂にシンクロ（同調）して、「どうしたのですか?」と聞くと、包み隠さずすべてを「ビジュアル・スクリーン」に映し出して見せてくれます。

私は普通の幽霊、つまり「霊的存在」とほとんど変わらない感覚になってしまい、幽霊の中の「魂」までもが「見えて」、「話せる」ようになりました。

特に悪霊の場合、悪霊自身の魂を、私みたいな霊能力者など他人に見透かされてしまうことが、とても嫌なようです。

もっとも通常の人間の「下心」については、割と簡単に見破っていたのですが、霊能力の高まりに応じ、徐々にその「魂の因縁」までもがリアルに見えてしまうようになりました。

ちょうど、私の趣味である手相についても多くの人を観ていたので、手相だけではわからない不明な部分を、つい霊透視（霊視）してしまうようになったわけです。

●知られるようになった初めての霊視

初めの頃は霊視していることをうまく誤魔化していたのですが、ある時、友人夫婦からラフな感じで、こう尋ねられました。

「手相の現世での占いはわかったけど、前世での職業は何だったんだろう。そういうのってわかるの？」

その質問に対し、私はあっさりと答えてしまったのです。

「○○さんの前世の一つ、いわゆる今生に最も関係ある『過去世』は、中世ヨーロッパ、現在のイタリアでキリスト教会のステンドグラス職人をやっていましたよ」

〈しまった…〉

そう思ったのもつかの間、それを聞いた友人夫婦はあぜんとしました。

本人の趣味…中世ヨーロッパのキリスト教会の建築ならびに美術、特にステンドグラスそのもの…などと合致し、さらにずっとイタリアという国が大好きだったことを、私はその場で聞かされたのです。

しかもその情報は、夫婦以外、一切知りませんでした。

この一件から、少しずつ口コミで私に霊視を受けたいという人が増えていきました。私自身、その能力を使う機会が広まっていった「きっかけ」です。

これまでに老若男女、職業も様々な一二〇〇人超の霊視を行ってきました。

そうするうちに、輪廻転生の仕組みやその意義が明確にわかり、現世に生きる人に共通の「課題」が見えました。

このため、典型的な輪廻転生のケースを紹介することで、混迷の現代を生きる人々に人生の「意義」と「役割」を理解していただき、「生きがい」を見つけてもらえるのではないかと確信して、本書を世に出すことにしました。

人生の「課題」がわかると、毎日が本当に楽になります。人生そのものが変わります。

第二部では様々な「転生事例」を見ていくことにしましょう。

第二部

霊視による
「転生」の具体例
現代社会における
緊急問題を解き明かす

●なぜ「緊急」なのか？

今回、本書の刊行に当たり、霊視の具体例として、現代の社会問題としてクローズアップされている「登校拒否」「家出」「引きこもり」「親子関係」「仕事場での人間関係」「不倫関係」「傷害事件にいたる関係」「幸福と不幸」「うつ病」「不満と愚痴」という一〇のテーマを選びました。

こうした社会問題の約九割は、現世における家庭環境・食生活や乳幼児教育、学校教育、社会構造などに起因していると考えられます。

ところが、これまでの霊視体験から残りの約一割の事例については、本人とその関係者の「過去世」が直接起因しており、特に因縁の場合、当然ながら現世における知識だけでは解決が困難となります。

そのため、これまで見逃していたこれらの事例を選び、過去世とのかかわりについて説明したいと思います。つまり今回は、最も緊急でシリアスな分野を紹介することになります。

ちなみに霊視活用の目的で一番多いのが、「様々な愛の実践」に関することであり、次に「仕事または自己実現」に関すること、さらに「因縁の解消および因果応報の実現」に関することです。

霊視で人生の役割を知ることとは、今生（今世）の生き甲斐が明確になり、人間本来の目的である「霊的成長」に大いに役立つものと言えます。

一「登校拒否」

●GW後、学校に行かなくなった女子中学生

東京都内の都立高校に通っていたごく普通の女子中学生が、ゴールデンウィーク（GW）期間中に覚えた「夜遊び」が原因の一つで登校拒否になってしまったケースです。

杉本恵美子さんは歳の離れた兄二人を持つ、三人兄妹の末っ子として生まれました。女の子の末っ子として、「ほとんど親から怒られない」「わがままいっぱい」「ぜいたくが当たり前」という環境で育ちました。

恵美子さんの第一希望だった都立高校は、電車で三〇分という、親元（実家）からほどよく離れた場所にあり、開放的な気分になると同時に、徐々に新しい友達も増えていきました。

学校近くの駅前はどちらかというと「盛り場」的な雰囲気で、興味本位と悪ふざけの感覚で、友達とパンク風のライブハウスに入ったのが「きっかけ」だったようです。

入った瞬間、店の雰囲気がものすごく新鮮に見えたこともあり、心の底から自由気まま

な解放感を味わえたのです。こうなると、今までの生活がとても馬鹿らしく感じて、店で知り合った男子たちと遊び回るようになったのです。

次第に家には戻らない、学校へも行かないといった状態となり、ついに「登校拒否」になりました。

半年後、冬の寒さが差し迫ったころ、ゲッソリとやつれ、疲れきった恵美子さんが自宅に帰ってきました。昔のかわいい女子高校生という感じはすでに消え失せ、まるで場末で働く水商売の女性のようだと母親は感じました。

母親は、学校などへの相談では到底うまくいかないと直感し、以前、友人から聞いていた私のところへと娘を連れて来ました。

●杉本恵美子さんの過去世

視線を遮るもうもうたる紫煙が辺り一面を覆い、スポットライトを浴びたジャズ演奏者がしきりに体を動かしています。

二〇世紀初頭のニューオリンズ付近の米国南部特有の盛り場というイメージであり、そのオーナーママが恵美子さんの過去世であることが見えてきました。

キャバレー勤めをしている割には、小綺麗なタイプのように見えます。もともとはジョ

ージア州南部の豪農の一人娘でした。

父親は地域の有名人であり、政治活動などに忙しく、母親は子どもよりも自分の名誉のための慈善活動に日夜明け暮れていたのです。

一人っ子の恵美子さんにとっては、充分にぜいたくできる環境でしたが、親の愛情が乏しく、寂し過ぎる子ども時代を過ごしました。両親の愛情の代替手段としての「物」と「金」だけがあふれる環境は、彼女を何にも興味が湧かない性格にしてしまいました。

最終的に、酒場に居座って飲んだくれになってしまったという人生です。

霊視が終了し、私は恵美子さんの母親を通して、恵美子さんには「親子の愛」が不足していること、わがまま、および欲望のまま生きていくことがマイナスの人生にしかならないということを学ぶために生まれて（転生して）いると告げました。

同時に、親子愛で最も大事なことは、「相互に育てていく」心の姿勢であることも伝えました。親は子育てを、子は親育てをするわけです。

その一方、恵美子さん自身が今生において、過去世のような無意味な人生でなく、「夢の実現」を果たすことこそ、過去世を卒業するポイントになることを告げました。

そのためには、自分の中にある「心のささやき」を感じ取り、いいと思うことを積極的に実践することで夢が実現することをアドバイスしました。

恵美子さんの母親に対しては、まず娘の話に耳を傾けること、ハグ、つまり無償の愛で抱きしめてあげること、娘がどんな状況になろうとも常に信じてあげることといった、母親自身の「心の平安」をアドバイスしました。

●今生の課題

杉本恵美子さんの過去世からの課題は、愛情不足で生じる「甘え」と「自助努力（セルフ・ヘルプ）の欠如」を克服することです。

●対策と処置

課題克服のポイントとしては、まず自分自身をよく見つめ直すことです。心の中で、本来の自分である「魂」に静かに語りかけることによって、本来「魂」が何をしたいのかが次第にわかってきます。

●課題のクリア

霊視から数カ月後。春爛漫《らんまん》の季節となった頃、恵美子さんの母親から連絡が入りました。親子の愛情について少しずつ話し合いをした結果、恵美子さんは家族とのつながりの重要性を再認識して、夜遊びをやめたということでした。

恵美子さん自身、自分への「心のささやき」ということを一所懸命に試して、ようやく自分なりの結論が浮かんだようでした。

彼女の出した結論。

それは、子どもたちに接することが好きだということから、将来は保母さんを目指して頑張りたい、ということでした。

親子間の愛情不足の場合、ただ相手の愛を受け入れるのではなく、本人が無償の愛を持って対応することで、本当の「心の平安」を与えることができるのです。

ちょっとした「しぐさ」や「感謝の言葉」をかける、あるいは「常に優しい笑顔」をすることによって、確実に家族愛を実現することができます。

特に日本語の「ありがとう」や「感謝します」という言葉は、発するだけでマントラを何万回も唱えるのと同じ「言霊効果」があります。

親子間のみならず、日々様々な状況で、なるべく多くの「ありがとう」を口に出してみてください。

さらに、頭の中で考えるだけではなく、自分の体を「動かす」ことが大事です。心の修行において大切なことは実践を伴うことであり、考え過ぎるよりもまず、大いに体を動かしてください。

そうすると、信じられないくらいに運気を含め、すべてが好転しているように思われます。

●ソウルメイト

杉本恵美子さんの母親について、もう一つの側面があります。

実は他の過去世において、恵美子さんの母親として生きたことがありました。それゆえ、今回は恵美子さんを助けたい一心で、再び母親役を選んで生まれたようです。

二 「家出」

●ホームスティから帰国後、突如変貌した女子高校生

古田真由美さんは、神奈川にある県立高校に通う一七歳の高校生です。

アパート住まいですが、子どもが一人ということで、小さい頃から一人部屋が与えられて育ってきました。

真由美さんの様子がおかしくなったのは、一年前にとあるアジアの国の大家族へのホームスティが終わってからです。急にブツブツと独り言が始まり、しばらくすると部屋の中に閉じこもるようになってしまいました。

彼女は高校生活を含めて、それまでの自分の人生すべてが嫌になってしまったのです。

やがて真由美さんは家を飛び出します。行く当てもないため、都内をウロウロし始め、繁華街にたむろしました。

小遣いが少しある時は漫画喫茶やネットカフェに入って仮眠し、そうでない時はどこともなく歩き回っていたのです。

心の中の「何かが自分に不足している」という状態は理解できるのですが、その「何か」

が全然わからないのです。そもそも本人にとっては、「人の情」自体がわからなかったのかもしれません。

一カ月ほど過ぎた頃、偶然にも中学校時代に仲よくしていた友達に渋谷のゲームセンターでばったりと会い、彼女から真由美さんの母親へ連絡が入りました。両親は急いで渋谷のゲーセンへと駆けつけ、連絡をくれた友達と必死になって探し回り、ようやく真由美さんを保護しました。

ところが家に連れて帰っても、学校の先生に相談しても、一向にらちが明かず、両親は困り果てました。

そんな時に、母親の職場つながりで私のことを知った真由美さんの両親は、最初は母親一人で真由美さんの写真を持って訪ねて来られました。

通常、私は本人を直接見ますが、仕方がない時には光学写真などから過去世を見ることができます。

今回は事前にその必要性を伝えていたため、母親が真由美さんの写真を持参したわけです。

●古田真由美さんの過去世

大規模な「飢饉《ききん》」の後の荒れた大地を、いくつもの強盗、または匪賊《ひぞく》などの武装勢力が群雄割拠し、日夜争いが絶えなかったところがイメージとして見えます。

そうした紛争被害に遭った一つの農村。ならず者によって殺された両親の隣で、たった一人泣き叫んでいる五歳くらいの女の子が見えます。

戦いの方法やその服装、土地の状況から、一七世紀の明（現在の中国）南部だと思われます。その泣いている女の子が真由美さんであり、その後、孤児院らしきところへと引き取られました。

しかし折も折、食糧事情も極めて劣悪な環境だったので、食べるため、生きるためにそこから抜け出して、真由美さんは窃盗と物乞いによる「放浪の旅」に出ました。

結局、一五歳にも満たないまま、親や家族の愛情を知ることもなく、無縁仏として餓死したようです。

このような過去世は数多くあり、別段、特別視するような事例ではありません。そう述べると「冷たい人間だ」と思われるかもしれませんね。

現在の豊かな生活を享受しながら、貧困問題を単なる感情論で「かわいそうだから何とかしろ」「人間の尊厳・生命こそ地球よりも重い」などと、いかにもヒューマニズムあふ

れるようにただ喋り続けるだけであるのなら、その人も含めた、それまでの人生の意義と役割という「本質」を見失ってしまう、という点を皆さんにお伝えしたいのです。その点は充分ご注意ください。

●今生の課題

またしても親子愛の喪失が如実に表れている過去世でした。

真由美さんの今生の課題は親子愛の再確認です。つまり、親子愛の「具体的な形」がわからない点が問題なのです。

●対策と処置

親子の情愛について、私は母親にアドバイスしました。

具体的には、時間をかけてよいから、娘の話を真剣に聞き、納得できるところは笑顔で答え、問題点に対しては具体策が出るまで「話し合う」ようにと伝えました。

それから一週間後、真由美さんの母から連絡があり、娘との対話が少しずつ元に戻りかけているとのことでした。そして来週、親子ともどもお邪魔したいとの相談がありました。

さらにその一週間後、私は真由美さん本人を直接霊視し、前回と同じ「過去世」を確認した後、アドバイスをしました。

私が真由美さんに伝えたことは、両親との話し合いで、生きる上での「夢」を語ってほしいという点です。そしてその夢に対して、真由美さんの両親がどのように答えてくれるかを、集中して聞くようにとも伝えました。

仮に少しでも、真由美さん自身、両親の言葉の中に感じる部分や納得する部分があれば、大きな悩みはやがて解決することをアドバイスしました。

●課題のクリア

今回はたまたまホームスティした地域（国）が、過去世において辛い体験をした場所と同じであったため、意識がオーバーラップしてシンクロし、たとえようもないような苦しみに襲われたことが直接のきっかけだったと思います。

数カ月が経ったころ、真由美さんの母から電話がありました。

その後、家族愛というものに対する具体的なイメージを、親子で共有することができ、ものすごい安心感に包まれていますという報告でした。

その結果、真由美さんに自信が湧いてきて、将来の「夢」に向かって具体的に何がしたいかということがわかり始めたようです。

彼女は「心のカウンセラー」をやりたいという話でした。

そのため、母親にも相談して大学の心理学部を目指して受験勉強に励んでいるということでした。

このケースのように、過去の悲惨な体験から「親子の愛の形」そのものを再確認するために、転生して来ることが増えています。

過去生と大きく違うのは、現世においては物質的な生活環境に恵まれていて、ほとんどが悲惨な状況ではないという点です。

それゆえ、今生において最も大事なポイントは、まず人とのかかわりをしっかり身につけることでしょう。

まずはお互い納得するまで、話し合いの場を持つこと。

そのための前提としては、人格形成の基礎となる幼児教育において、「自分」というものをしっかり自覚させるとともに、現在の家庭および社会の成り立ちについて話し合うことです。

同時に、「両親が望んだ子ども」であるという点、さらに「あなたが生きているだけで、私たちは幸せなんだよ」という点を、子どもにキチンと伝えることです。

最近では、胎児時代に、母親が化学物質などに侵されていない天然の安全な食事を摂ると同時に、安心感と幸福感に満たされている状況が、誕生後の心身の健康や発育にとても大切なことがわかっています。

さらに、帰宅時などに「おかえり」という言葉でハグ（抱きしめる）すること。子ども自身が親の愛に気づくことこそ重要なのです。

●ソウルメイト

古田真由美さんの母親ですが、過去世において孤児院の院長として、孤児たちの育成に人生をかけていた立派な方でした。そのため、今回は真由美さんの母親役として彼女をサポートしに来たのです。

三 「引きこもり」

●一日中、暗い部屋に閉じこもる三〇代男性

三〇歳を超えている田中昭一さんは、無職で独身です。

団塊世代であり、すでに定年して北関東にある新興住宅地に新築を構える両親と同居している昭一さんは、いわゆる「オタク」です。

朝から晩まで、パソコンでインターネット、あるいはマンガ、フィギュアなどにはまり、暗い部屋の中に閉じこもって、もう数年以上が経ちます。

オタク用品などの必要な買い物は、ほとんどネットで購入でき、食事は母親による「差し入れ」で、一歩も外に出ようとしません。

大学受験や一般企業の就職試験などに失敗し続けたことも原因の一つです。

どうやら根暗という性格に加え、閉鎖された環境に一人でいることが好きということに根本的な問題があるようです。

困り果てた母親から相談があり、母親の持参した写真などで霊視しました。

●田中昭一さんの過去世

容赦なく照り続ける太陽と、どこまでも続く砂の大地が突然現れてきました。

中世アラベスクの建物が廃墟となって周囲に点在しています。ここは、アフリカ北部、恐らく現在のエジプトの辺りのようです。時代はキリスト教徒による十字軍（クルセーダー）が席巻していた一二世紀のようです。

十字軍は、ローマ教皇ウルバン二世の「神それを望み給う」から起こりました。イスラム教国にあったキリスト教の聖地（ちなみにユダヤ教やイスラム教にとっても聖地）であるエルサレムの奪回を目指した、ヨーロッパキリスト教の戦闘集団です。

昭一さんはこの熱狂的集団に、家族の反対を押し切って一五歳くらいで仲間とともに参加しました。ところが負け戦となり、脱走兵として砂漠の洞穴に一人で隠れ住んでいたのです。

たった一人で、しかも敵地である砂漠の洞穴の中で、始終、恐怖と飢えに追い詰められ、やがて人知れず二〇歳になる前に死んでしまいました。

●今生の課題

昭一さんの今生の課題は、このカルマを解消するために「対面および調和（共生）への恐怖心」を克服することです。

●対策と処置

私は、彼の母親を通して、昭一さんへアドバイスしました。それは、人生において、自分自身を楽しく表現できるようになるためには、まず「他人から認めてもらう」必要があるのだという内容です。

これを自覚させるためには、「自分にしてもらいたいことを他人にもする」こと。そうすれば昭一さん自身が変わることができる、と伝えました。

昭一さん自身、非常に孤独であり、心の中ではその状態を抜け出したいと思いながらも、今の状態を出るとそれ以上の恐怖が自分に襲ってくるという強迫観念が大きく邪魔しています。

だからその原因をつくった自身の過去世を、素直に認めればいいのです。

当時、子どもだったにもかかわらず、家族の反対を振り切って宗教的情熱だけで参加して後悔したこと。宗教戦争の醜《みにく》い現実と悲惨な戦場を客観的に知ること。それらを知り、認めることで、一方的な宗教観にとらわれることがなくなります。すべての人が互いに仲よく生きていくことこそ、人間本来のあるべき姿だということを自覚できるわけです。

●課題のクリア

母親を通じてですが、彼に過去世をしっかり伝えてもらいました。

もともと、このままではよくないという気持ちが昭一さんにもあったらしく、私のアドバイスと具体的行動について納得し、実践されたそうです。

すると、今までのことが嘘のように変化し、彼自身も周囲の人とともに生きることをよく自覚したようです。

今ではアルバイトとはいえ、パソコン・ソフト関連の会社に勤めることができましたという連絡がありました。最近は昔の面影がすっかり消え、やりたい「夢」もしっかりと見つけ、将来へ向かって邁進しているそうです。

●ソウルメイト

田中昭一さんの母親は、過去世における母親その人でした。ずっと深い悲しみの中で子どものことばかりを思い続けて死んだため、今世で母親としての務めを果たしたいと願い、転生してきたのです。

四「親子関係」

●父親への反抗の末に家出した女子大学生

いつになっても家族、特に親と子の関係はどちらかというと、「因縁」めいたものが多いようです。

藤田玲子さんは二人姉妹の姉で、都内の私立大学の一年生になったばかりでした。物心ついた頃から、なぜかずっと父親に対して反抗的で、高校二年生の妹とは、性格も父親に対する態度も正反対でした。

当然ながら、そんな親子関係は父親の頭痛の種でしたが、かといって具体的な対策もなく、これまでなるべく触れずに放置していたため、親子の「絆《きずな》」そのものが希薄になっていました。

そんな中、大学の新入生歓迎コンパで朝帰りした玲子さんと、出勤しようとした父親がたまたま玄関先で出くわしたため激しい口論となりました。お互いに溜まりに溜まっていた不満が、まるで火山の噴火のように爆発したのです。激しい罵倒《ばとう》の応酬は、隣近所まで聞こえたようでした。

驚いた母親がすぐに仲裁に入りましたが、それさえ無視して、玲子さんは家を飛び出しました。それからというもの、玲子さんは友達の家を転々として、家に帰って来ようとしませんでした。

大学で知り合った先輩と友達関係になり、心のよりどころができたことも影響していたのでしょう。家出された両親は困り果て、相談できるところを探し求めていたのですが、なかなか見当たらず、最終的に父親の友達を通じて、私のことを知ったようです。

前もって伝えていたので、ご両親はしっかりと玲子さんの写真を持参して、神妙な面持ちで来られました。

●藤田玲子さんの過去世

肌を突き刺すような日差し。マリンブルーという言葉そのものの海原に、暖かい南の島が絵画のように浮かんで見えます。北回帰線より南側のカリブ海に浮かぶ島々の風景というイメージが、段々強くなってきました。

現在のキューバかバハマ辺りで、建物と服装などから、スペインの植民地エリアで、イギリスの海賊が世界の海を跋扈《ばっこ》し、金銀財宝を襲う時代、つまり一六世紀頃の様子です。大ヒットした映画『パイレーツ・オブ・カリビアン』よりも前の時代のようです。

そんな時代、かのスペイン植民地総督の娘こそ、玲子さんであり、驚くことにその総督自身が、現世でも父親でした。

それも、どうやら過去世の「課題」を、そ

のまま現世に二人で持ち込んだようです。しかも映画と同じように、玲子さんが海賊と恋仲になったため、最終的には父親である総督によって二二歳くらいで処刑されてしまいました。

●今生の課題

藤田玲子さんの今生の課題は、「家族を思いやる心」です。

玲子さんに対するアドバイスを、両親から話すのは無理でしたので、友達を通じて玲子さんに伝えることにしました。

そのポイントは、感謝することです。シンプルですね。

具体的には、必ず最後に「数字の2（口を「ニッ」とする）」を心がけて言ってみること。すると自然に、相手に感謝するようになると伝えました。

●対策と処置

まず玲子さんの友達に、過去世の概要、特に父親との関係について伝えてもらいました。

するとやはり、玲子さん自身も、自分の感情が思春期の娘の父親に対する「生理的な嫌悪感」だけだとは到底思えず、どうしてだろうかと理由を探し求めていたそうです。

それらのことに対する私の霊視が、玲子さんの心の納得を得たというか「腑《ふ》に落ちた」ようで、彼女は二～三日すると家に戻りました。

その後、母親からその詳しい内容を聞き、父親の帰りを待って、今まで迷惑をかけたことを心の底から詫《わ》びると同時に、これまで育ててくれたことへの感謝の言葉を述べました。父親は無言でうなずき、嗚咽《おえつ》する玲子さんをそっと抱きしめたそうです。


過去世において、確かに生理的にも絶対的に合わない父娘でしたが、玲子さん自身の自由意思で「恋は盲目」な状態に陥り、植民地の社会秩序維持に最も重要だった婚姻に関する法律・規則を破ってしまったわけです。

それに対して父親が、親であるとともに総督という立場で苦悩した結果、やむなく処刑したということを、まず理解する必要があります。

国家と地域住民を守るためにギリギリの決断をした父親に対し、玲子さん自身はただの見た目だけの格好よさ、チョイ悪な男に惹《ひ》かれて、まるで熱病みたいな「恋に恋する」だけのわがままな娘でしかなかったからです。

これらのことから、玲子さんが「父親の子を思う心」と「規律を守ることの重要性」について深く考え、深く理解することにより、父と娘という親子関係は解決できます。

●課題のクリア

私のところへ母親とともに玲子さん自身が現れたのは、それから約一カ月後のことでした。

もう一度、玲子さんの過去世について詳しく伝えたところ、彼女は改めて納得しました。そして今後は、親に対する接し方と、「恋と愛」に関することを自分なりにキチンとしていきたいと明るく答えました。

今では一家団らん、温泉巡りなど、家族旅行も楽しんでいるようです。大学生活でも素敵な彼氏ができ、大いに青春を謳歌《おうか》しているとのことでした。

●ソウルメイト

藤田玲子さんの母親は、他の過去世においての夫婦関係、つまり玲子さんの夫でした。そのため、今回サポートするために来たというわけです。

五　「仕事場での人間関係」

●職場でも家庭でも愚痴やケンカの絶えない四〇代主婦

このケースは、サラリーマンである夫の給料では、子ども三人の大学と専門学校への授業料が不足し、家計が厳しいためパート勤めしたものの、なかなか人間関係がうまくいかない、そんなどこにでもいそうな主婦の話です。

東京に近い埼玉県南部のマンションに住んでいる四〇代の斉藤良子さんは、とても愚痴の多い主婦でした。

子どもの成長とともに、学費がご主人の給料だけでは賄えなくなったので、新聞のチラシを見た良子さんは、駅前のスーパーにパートタイマーとして勤めることにしました。

初めの頃は仕事に慣れることに精いっぱいで、愚痴るヒマもなく、あっという間に三カ月が過ぎていました。しかし慣れてきますと、良子さんの悪い癖なのかどうかわかりませんが、些細なことに気がつき始めました。

こうなると、生来黙っていられない性格の良子さんは、いつものように次から次へと口を出し始め、ついには職場の上司である部長と対立するようになったのです。

するとにわか然、闘争本能に火がついたかのように、彼女は本来のパートの仕事そっちのけで、上司の悪口や批判を公然と展開するようになりました。

しまいには、もう関係修復が不可能な、最悪の状態となってしまいました。

問題は、実は良子さん本人が、なぜここまで事態を悪化させてしまったのかが、わからないという点です。

もともと、愚痴の多い良子さんでしたが、家の中でも何かと家族に八つ当たりするようになり、職場では朝から晩まで悪口を言うか上司とケンカしている状態が続きます。そのうち、本人自身が精神的に疲れ、参ってしまいました。

ある日、高校時代の同級生から、ちょっと相談できるところがあると聞き、友達二人に連れられて私のところへ来たわけです。

●斉藤良子さんの過去世

議論が果てしなく続いている状況が最初に映ってきました。大陸の真ん中の田舎という感じです。そこには支配階級のゲルマン＝オーストリア人と、被支配階級の西スラブ人が住んでいます。北と西に山地があり、南には欧州の大河であるドナウ河の流れが見えます。徐々に、中欧のボヘミア地方、つまり現在のチェコもしくはスロバキア辺りのイメージが

湧いてきました。

どうやらプロテスタント（新教）の宗教改革の嵐が吹き荒れている地域のようです。議論となっているのは、後に欧州で荒れ狂う「魔女裁判」と同じような内容で、要するに根も葉もない密告などの言い争いがほとんどのようです。

そんな新教側の代表者が良子さんで、対立側の旧教代表である神父が現世での主婦パートのまとめ役である部長さんのようです。

宗教的な争点に立ち入る必要性はありませんが、問題は「捏造《ねつぞう》」事件によって無実のカトリック神父を処刑し、それを機にその田舎での宗教改革を開始したことです。

そして、そのグループの主導者が良子さんでした。

●今生の課題

斉藤良子さんの課題は、「調和と感謝する心の充足」であることがわかりました。

●対策と処置

良子さんへのアドバイスは、「口は一つで耳は二つです。相手の意見を倍以上、よく聞くようにしてください」ということでした。

とにかく、まず相手の意見をよく聞くことを強調しました。そして「数字の二」と「ありがとう」を、常に口にするよう勧めました。

さらに、仲間というかグループ内の「和」を大事にして、一つの目標に向かう組織にすることが重要ですよ、とお伝えしました。

最後に、すべてに対して感謝する気持ちを言葉に出すことで物事はすべて好転するということ、特に現世でのまとめ役である部長さんとの話し合いをキチンとすべきであることをアドバイスしました。

カルマ（業）の解決には、それしかありません。

●課題のクリア

霊視後、自宅に戻った良子さんは、とりあえず一週間ほどパートを休み、「ありがとう」という言葉と、鏡を見ながら「ニッ」とすることを練習しました。

猛練習の甲斐もあって、自然と「ありがとう」および「ニッ」とすることができるようになったこともあり、早速パート先へ戻り、まず職場のパート仲間に対して感謝の言葉を使い始めました。

たったそれだけのことでしたが、みんなとすぐに打ち解けるようになり、以前にもまして良好な関係となったのです。

次に、良子さんにとって最大の課題でもあった上司の部長さんに対して、とにかく笑顔を絶やさないで「ニッ」とし続けるとともに、上司の話をよく聞き、円満に解決するよう努力したそうです。

不思議なことに三日くらい経つと、部長さんも今までのことを反省したのか、良子さんの意見を熱心に聞いてくれるようになったそうです。

相談に来てから一カ月後、良子さんから連絡が入りました。

おかげさまで、家庭でも仕事場でもスムーズな人間関係に変わり、楽しく生活していますということでした。

彼女はパート先の上司に、ちょっとだけ過去世について話したそうです。

「うーん…そういうことがあるのかもしれませんね。だけど今回は、お互いにうまくやっていきましょう」

わかるような、わからないようなことだと、部長さんは不思議そうに話したそうです。

●ソウルメイト

良子さんの高校時代の同級生が、他の過去世において良子さんの母親でした。

今回は優しさを持って、彼女をサポートするために転生したわけです。

六「不倫関係」

●妻子ある男性と不倫関係にある三〇代女性

北関東出身の三輪由美さんは、とても活発な三〇代独身の女性で、美容師として高い技術を持っています。少し気の強いところがありますが、姉御肌で後輩の面倒見がよく、職場では人気のある女性です。

さて、仕事もプライベートも充実している由美さんですが、大きな悩みがありました。最近は特に珍しくもないのかもしれませんが、妻子ある男性との「不倫関係」にあるということです。

スパッとした男まさりの性格に加え、仕事上での自信もあるため、どうしても同年代の男性が軽く見えて仕方がないのです。

今流行の「草食系男子」に対する「肉食系女子」みたいなものでしょうか。そんな風潮に対して、ずっと不満を持ち続けていました。

当初は仕事上の付き合いだったものの、年上で仕事がバリバリできる今の彼氏に由美さんが惹かれていったのは、当然といえば当然の成り行きでした。

もっとも、そのような魅力的な男性に対して、普通の女性でもある彼の奥さんが好きになったのも至極当たり前で、奥さんは由美さんが彼と知り合う前に愛し合い、結婚したわけです。

しかしながら、由美さんにとって彼は、それまでに見たことも会ったこともなかった自分にピッタリのタイプで、恋愛感情に火がついてしまいました。

一般的に不倫は、過去、現在、そしてたぶん未来においても、社会的に許されるべきものではないでしょう。

しかしながら「魂の修行上（学びの上）」から見ると、人間が決めた結婚形態自体には、本来、強制力も意味もなく、不倫という関係も一つの魂の修行の場と言わざるを得ません。

由美さんもこのような状況で、一人悩んでいたのですが、女友達に相談するわけにもいかず、困り果てていたというのが実情でした。

そんな時、よく面倒を見てあげていた後輩がたまたま私を知っていたこともあり、すぐさま不倫関係の恋愛について見てもらおうと、私のところへ来たのでした。

●三輪由美さんの過去世

なだらかな丘陵が続く乾いた大地の上を、宗教的な使命感に燃えた騎馬の一団が通り過ぎて行くと、町や村のほとんどは、焼け崩れた廃墟へと変わっていきました。

一五世紀、現在のスペインにあったカスティラの女王が、祖国解放とイベリア半島からのイスラム勢力一掃のためにアンゴラ国王と組み、欧州各国から荒ぶるものたちを集め、コルドバを目指し、ムスリムを皆殺しにしていた時代がイメージされました。

残された廃墟の片隅で、年の近い幼い兄妹が恐怖心に駆られ、震えて抱き合っているのが見えます。

村では兄妹二人だけが生き残ってしまいました。これからどうやって生きていけばいいのか、食べるものはどうやって手に入れればいいのか、見当もつきません。
二人は瓦礫《がれき》の間で寝起きし、ネズミや草などを食べていたのですが、やがて妹の方が病気となり、動くことができなくなりました。
幼いとはいえ妹思いの兄は、病気である妹のために、まともな食べ物が欲しくて騎馬兵の住む町へ行き、パンを盗みました。しかし、すぐに見つかってしまい、その場で切り殺されてしまったのです。
病気で寝ている妹もまた、食べ物を持って帰る兄を待ちながら徐々に意識が薄れ、ついには餓死しました。

家族を殺されながらも、何とか生き残った二人だったのですが、無情にも長生きすることができず、無念の最期を迎えました。

皆さんのご推察の通り、幼くして病気と飢餓《きが》と孤独の中、死んだ妹が由美さんです。このため、今生においては、一人でも自活してたくましく生きていくことを誓って転生したようです。

ちなみにこの時の兄が、不倫関係にある男性だったのです。

生まれてくるタイミングがちょっとずれていたために、男性のほうには結婚して子どもがいました。ただし、過去世での結びつきがとても強かったこともあり、現世での社会通念（結婚倫理観）を超え、恋愛＝不倫関係に落ちてしまったのは、ある意味、当然の成り行きでした。

由美さんは兄を追って、今生に転生したのかもしれません。

●今生の課題

三輪由美さんの課題は「わがままな恋愛感情の克服」です。

確かに本人にとっては、若干、転生のタイミングがずれたためにスムーズに結ばれることができなかった、と正当化してしまいそうです。

だからといって、わがままを増幅してもいい理由にはなりません。相手は今生で愛した人と、家庭をつくっています。

やはり、我慢するということが重要だったのです。

●対策と処置

実はこの「失恋体験」こそ、輪廻転生における魂の成長に欠かせないものなのです。そこで由美さんへ、感謝する言葉を言い続けることをアドバイスしました。

「ありがとう」「お願いします」「よろしいでしょうか」「おはようございます」「失礼します」「お休みなさい」…これらを意識して口にするわけです。

●課題のクリア

過去世で見る限り、現世の由美さんは彼氏との関係において、「何もしない」という選択肢が一番よいと思います。

同じ愛でも、「兄弟愛」と「不倫愛」の違いをしっかりと意識することで、現世でのカルマの発生防止に役立ちます。

また、彼氏との過去でのつながりを知ったことにより、現世での行動に責任を持つようになれます。

つまり、「親しき仲にも礼儀あり」の本質を知り、日々臨むことによって、自然な関係に落ち着くことが可能なのです。

●霊視を通じてわかったこと

「大失恋の意義」…愛を知り、正しく生きるための貴重な体験。

次の六つのケースにおいて、番号が大きいほど人生レベルが高くなり、魂も大きく成長するようです。

①告白なしのただ遠くから見守っているだけで終わった失恋
②勇気を振り絞って告白した失恋
③数年間付き合った後の失恋
④同棲した後の失恋
⑤不倫または二股（あるいはそれ以上）かけられた後の失恋
⑥⑤以上の失恋

「性欲の男女差」…女性には考えられないほどの性欲が男性にあるという事実。

浮気をしないことは、男性として生まれた魂の修行（＝課題）中、最も大きな修行の一つです。

ちなみに魂としては、本来男女などという性差は存在しません。

●ソウルメイト

三輪由美さんの後輩の女性が、前世（別の生）における恋人、つまり彼氏でした。そのために、今回はサポート役でやって来たのです。

七「傷害事件にいたる関係」

●家庭でも学校でも暴力の絶えない男子高校生

高校二年生の田沼礼二さんは、関東北部のベッドタウンとして脚光を浴びているM市に両親とともに住んでいます。

一人っ子の礼二さんは好き嫌いがとても激しく、感情の起伏を抑えることがとても苦手です。ちょっとでも面白くないことがあると、すぐ他人に暴力をふるい、一カ月ほど前も、高校のクラスメイトに対して怪我を負わせました。

このことがきっかけとなり、彼は自宅謹慎になりました。さらにこの時、父親の忠告に腹を立てた礼二さんは、父親と殴り合いのケンカになり、父親にも全治三カ月の重傷を負わせてしまいました。

最近は学級崩壊や家庭の絆の喪失が叫ばれ、キレる若者が増加の一途をたどり、ティーンエージャーへの犯罪の拡大も社会問題化しています。

医・食における化学物質の大量摂取、住環境におけるコンクリート・新建材の多用、暴力シーン垂れ流しのメディアによる心理的影響など、複合的な問題があちこちで議論されています。

日を増すごとに荒れ狂うようになった礼二さんを心配し、母親は学校の先生や警察に相談しました。

しかし、一向によくなる気配はなく、両親は困り果ててしまいました。

こうして悩んでいる時に、東京に住んでいる姪っ子から私のことを耳にし、礼二さんの写真を片手に訪ねて来られました。

●田沼礼二さんの過去世

のどかな田園風景が続き、昔見たような懐かしい感じの家が数多く点在しています。日本の原風景といったところです。

ただし、どこか殺気めいた雰囲気もあります。どうやら戦国時代のようです。一人の家臣が私利私欲のために主君を裏切り、城下町を簒奪《さんだつ》した感じです。

京都での応仁の乱以後、関東武士団の鉄壁の団結心や鎌倉武士の気風もすっかり廃れ、戦乱の世が続きました。

そんな時代、統治能力の乏しい領主の下では、安心して一族郎党を託すことが難しいのもわかります。下剋上の世とはそういうものです。

しかしながら、忠や義に代表される古来の

伝統も、残っていました。

下野《しもつけ》（現在の栃木県）と常陸《ひたち》（現在の茨城県）の境は、領地が錯綜《さくそう》しており、並の領主ではうまく統治できなかった場所でもありました。

その領主の下で、筆頭家老をしていたのが礼二さんでした。彼は、私利私欲にも駆られ、陰謀を企て、領主を暗殺してすべてを奪い取ったのです。

戦国時代は「弱肉強食」であり「優勝劣敗」の時代でしたが、しかしながら礼二さんの動機や手段があまりにも汚かったため、最終的には彼もまた、別の家臣によって殺されてしまいました。

●今生の課題

礼二さんの課題は、「周囲への愛情および感謝心の発露」です。

具体的なアドバイスとしては、まず相手の痛さを実感する、というか体感することでした。

●対策と処置

このため、私は厳しい稽古《けいこ》で有名な空手道場に通うことを勧めました。

まず、母親から私の言葉を伝えてもらいました。

さらに「本当にキミが強いのなら、少しくらいの痛みに耐えられる勇気を持っているだろう?」と持ちかけ、礼二さんのやる気を引き出させたところ、彼は道場へ通うようになりました。

●課題のクリア

その空手道場に通い始めて一カ月ほど経った頃、「変化が少しずつ出てきた」と、母親から連絡が入りました。

それは道場による躾《しつけ》の成果であり、他人の痛みがわかるようになった礼二さんの中で、「思いやり」という愛情が育ってきた証拠でした。

過去世が武将でしたので、空手道という武道における厳しい修行が、彼の本来の精神を徐々によみがえらせたのです。

さらに一カ月を過ぎると、勝手な行動をとることが周囲への迷惑になることに気づき、まじめに高校へ通いたいという気持ちに変わったのです。

高校に戻ると、礼二さんは母親と一緒に私のところへ来て、過去世の細部について確認しました。そして彼は、今後どのように生きていきたいなどと、人生の夢まで私に伝えてくれました。

●霊視を通じてわかったこと

礼二さんのケースからは逸《そ》れますが、ここで私の死生観を述べておきます。

最近、メディアなどで死刑について批判が高まっています。殺人鬼あるいは凶悪犯と呼ばれ、被害者だけでなく自分の人生さえもメチャクチャにしてしまった人間にとって、死ぬことは本当の刑ではありません。これは、魂自体が死なないという仕組みをご理解いただければ、すぐにわかると思います。

ただし、今生で社会生活を体験できないまま一生収監されることは、意味がありません。この点が世の評論家と私の違いでしょう。

その意味では、肉体上の死刑＝死ぬことは、すぐに最初からやり直せる・新しくやり直していけるという、いわば「敗者復活戦」のチャンスを与えることなのです。

そういう霊性向上という視点で考えると、極刑＝死刑の存続について、私は個人的に賛成しています。

先進国などで広まっている「死刑廃止論」についても、人間の限定された記憶知識（理屈）と感情論だけで判断するのは、そろそろやめたほうがよいのではないでしょうか。

神仏（＝宇宙）には本来、よい状況も悪い状況も存在しません。

ただそこには状況というか、事実があるだけです。

この「仕組み」をまず理解していただき、すべてはあるがままの存在であると認識した上で、無意味な価値判断をすることはやめなければなりません。

●ソウルメイト

田沼礼二さんの母親が、前世においても母親でした。このため、今回もサポートのために転生したのです。

八　「不幸と幸福」

●同じ魂に殺され続ける二〇代女性

伊藤幸子さんは沖縄出身らしく、健康的に日焼けした肌の美しい、とても頑張り屋な二〇代の女性です。

幸子さんは小さい頃から苦労しっぱなしの人生でしたが、現在は優しい彼氏と共稼ぎで、関東北部のS市にアパートを借りて一緒に住んでいます。

しかし周囲の同郷の友達から、彼氏についての悪い噂を聞いていなかったようでした。幸子さんにとって今は、これまでの不幸続きの人生における「幸福な時間」なのかもしれません。

彼女自身、以前より明るくなったということで、同郷の友達二人と気楽な気持ちで私のもとに手相を見てもらいに来ました。

幸子さんも例に漏《も》れず、普通の女性の夢でもある彼氏との結婚について、「楽しい将来」を夢見ていたに違いありません。

しかしながら私は手相・霊視において、嘘をつくことはできません。そうでないと、不幸なことや命にかかわることがやって来た時に、それらを回避するための行動をとることができないからです。

だから手相から読んだまま、私は幸子さんに正直に伝えました。

「今の彼氏とは結婚できません。このままだと幸子さん自身の命にかかわることが起きます。事故などに気をつけてください」

するとと彼女は、

「苦労してやっと不幸から脱出できたのに…。今の幸せ以外、何もないんだから」

不機嫌そうにそう言うと、途中で帰ってしまいました。

確かに、何が幸せで何が不幸せかということは、人によって思いが様々で定義づけが難しいかもしれません。しかし魂にとっては何が大切なのか、考えてみる必要があるかもしれません。

●伊藤幸子さんの過去世

私は手相と同時に霊視をしていたのですが、幸子さん本人が途中で帰ってしまったので、彼女には伝えていません。

幸子さんの場合は、これまでの霊視のように、現世に最も関係のある過去世を視たのではなく、前世、前々世、さらにそのまた前々前世など、いくつもの過去世まで遡《さかのぼ》って視ました。

というのも、幸子さんが同じ魂に殺され続ける風景が続いたからです。

場所だけが、日本であったり、米国であったり、欧州であったり、中国であったり、インドであったり、アフリカであったりしているだけなのです。

その相手というのが、実は現在の彼氏（の魂）です。幸子さんの魂は、女性として何度

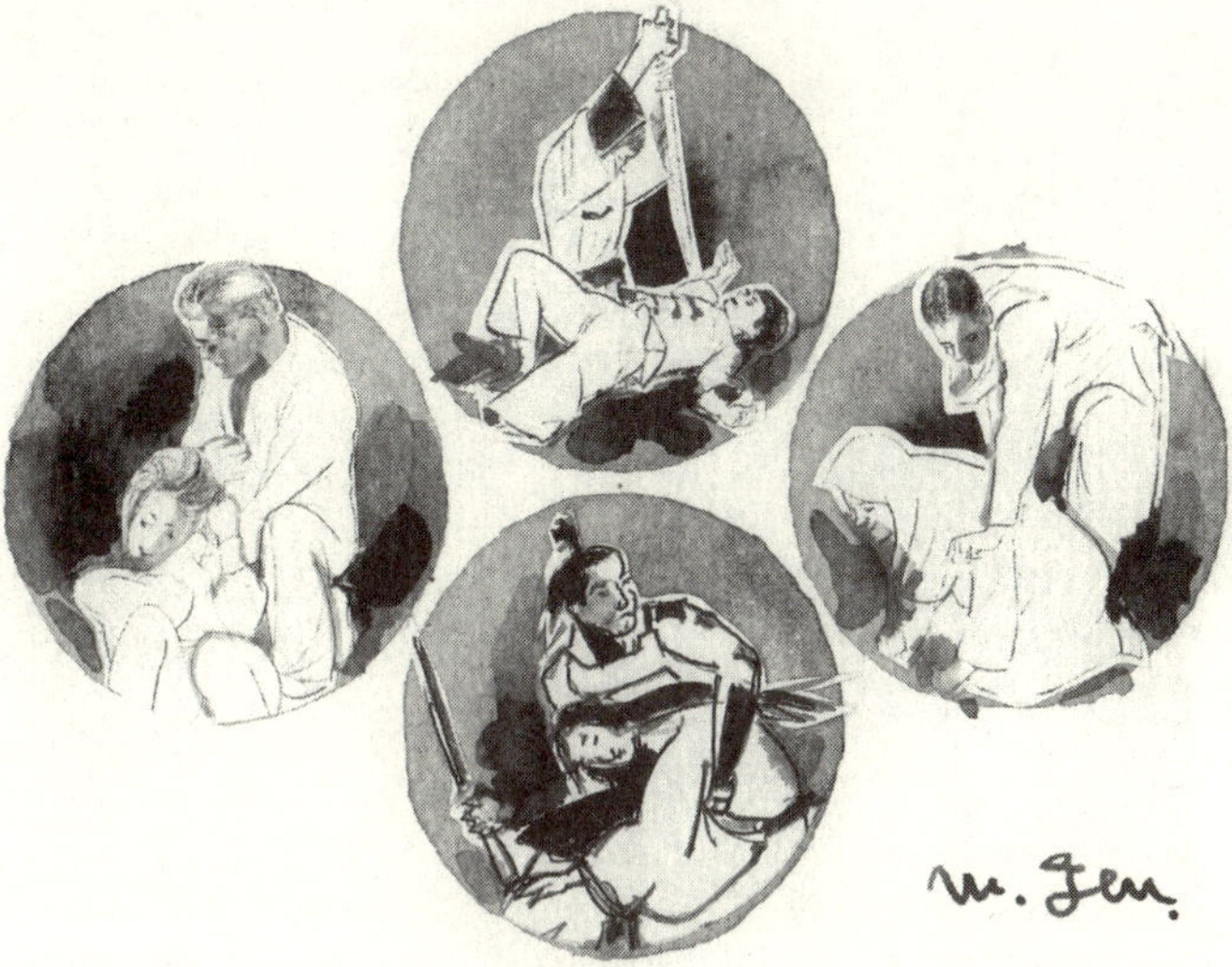

も生まれ変わり続けてきたのです。
しかもかわいそうなことに、いずれの「生」でも若くして苦労しながら報われることなく、同じ相手に殺され続けるという不幸を体験しています。

通常の輪廻転生においては、一回の人生、つまりこの世に生まれてから死ぬまでの間と、霊界への誕生から再びこの世に生まれ変わるまでの間のサイクルは、平均するとそれぞれ五〇年ずつのようです。

そして普通は男女交互に生まれ変わり、それぞれの時代の伴侶《はんりょ》を通じて、総合的に霊性を高める修行を経験します。

要するに、その都度「課題」をクリアしていますから、普通なら同じような環境に生まれてこないというわけです。

ところが幸子さんの場合、人生という学校で何回も繰り返し、いわば留年していました。つまり彼氏の魂と二人で、進歩のない「被害者／加害者ゲーム」に、永遠に囚《とら》われていると考えられます。

●今生の課題

伊藤幸子さんの課題は、「恋と愛との差を理解すること」です。それにより、永遠の恋愛ゲームから二人とも卒業できます。

●対策と処置

幸子さんの友達を通じて、恋愛に執着しないこと、つまり相手の存在そのものに感謝すると同時に、自分の欲求が通らなくても無理強いしないということを伝えてもらいました。現実の人生および生活を、あるがままに認め、偏《かたよ》った恋から目覚めることです。要するに、彼氏の「本質を見抜く」知恵を養うというわけです。

恋するがゆえに周囲が見えない状態の彼女にとって、難しいことかもしれませんが、主観的な自分の心だけで作り上げた「虚像の彼氏」に恋するのではなく、相手の存在・実像に感謝することで、次第に理解できることです。

すると徐々に、この相手がいなかったら私の人生は不幸になる、という「被害者意識」が消えるでしょう。

●課題のクリア

残念ながら今回の場合、友達を通じて二回お伝えしたのですが、一向に「聞く耳」を持っていただけませんでした。

自分自身の運命を知っている人や、寿命が来ている人などは、本能でわかるのか、手相さえも見せていただけないことがあります。

幸子さんの場合、このままでは現世も、これまでと似た人生になる可能性が大です。

●霊視を通じてわかったこと

現世で起きていることは、あくまでも現実という「事実」が行われているだけです。本来、幸も不幸もないことは前述しました。

そして、その事実に対する自分なりの解釈や受け止め方により、過去や現在を変更することができることで、幸福の量と質が増大します。

魂がこの世で体験する意味は、まさにその幸福にあるのです。当然のことですが、その事実を不幸と考えると、そちらの量と質が増加します。

地球という三次元の世界では、不幸のほうが幸福に比して、とても簡単になりやすいのです。そしてそれは、しっかりとした意識を持つことが大切なのだ、ということを体験しているのです。

私の霊視の意味もそこにあります。

ちなみに日本では、姓名判断等において「幸」という漢字を男性につける場合は比較的よいとされますが、女性の場合は運勢を落とすことが多いとも言われます。だから女性の場合は変更されるか、あるいは違う漢字の「サチコ」「ユキコ」を通称として持つことをお勧めします。

これは、手相における運命線、または「太閤秀吉の天下線」とも言われている通称「仕事線」に関係します。

漢字の「幸」は、女性にとっては、この運命線の強化によって、結婚や家庭生活がダメになる不幸な線と同じ効果になってしまうわけです（男性なら松下幸之助さんのように成功しやすいのですが）。

●ソウルメイト

伊藤幸子さんの友達が、過去世、それもかなり昔、二〇〇〇年ほど前に父親でした。それもあり、今回どうしても立ち直らせたい一心でサポートしに転生したのです。しかし残念ながら、その役割を果たすまでには時間がかかりそうです。

九「うつ病」

●職場のストレスで体調を崩した三〇代女性

大木照子さんは東北出身の三〇代女性です。現在は東京都内の区役所に勤務し、経理を担当しています。

照子さんは色々なことに対して気遣いが丁寧で、責任感がとても強い女性です。しかし、そんな生真面目《きまじめ》さが災いしたのでしょう。

数カ月前に部署が人員削減されたこともあり、彼女はいなくなった人の分まで残業して頑張り過ぎ、三週間ほど前から体調を崩してしまいました。

病院に行きましたが、単にストレスだと診断されただけで、改善の処方はありません。

一週間ほど前には「うつ気味」となり、そこに年度末業務の忙しさが加わって、ついにダウンしてしまいました。

入院するまでには到らなかったものの、病院でもらった薬を飲むとなぜか吐き出してしまい、どうしたらよいかと悩んでいました。

そんな時、職場の同僚から私の話を耳にし、仕事関係がうまくいくかどうかを手相で視てもらおうと訪ねて来ました。

うつ病は現代病とも言われますが、うつ病の新薬が決定された年から自殺者が、年二万人から三万人へと急増したというおかしな現実もあります。

照子さんの場合はもっと深い部分に問題がありそうでしたので、手相とともに霊視をすることにしました。

●大木照子さんの過去世

安らぎを感じる昔の風景というか、日本の原型というイメージの景色が出てきました。北側に真綿のような雪帽子をかぶった山々が連なり、平野の真ん中に大きなお城があります。その周囲を、武家屋敷と町並みが重なって取り囲んでいます。典型的な城下町です。

夜も明け切らない早朝から、侍たちが戦に向かうというよりも日々の出勤みたいな感じで、三々五々、城に集まっています。

そんな中、丸縁メガネをかけ、せかせかと急いで門をくぐる中年風の武士が見えました。どうやら照子さんのようです。

よく見ると、照子さんは江戸中期の元禄《げんろく》を過ぎた頃の北国の武士のようです。ものすごくまじめで、細かい計算が得意な勘定役《かんじょうやく》（経理担当）のサラリーマン的な武士です。

しかし彼は、なぜか浮かない顔をしています。家庭と藩、両方における精神的な悩みを抱えているようでした。

よくよく見ると、照子さんは「婿殿」で、さほど体力もありません。

仕事では能力を見こまれて留守役家老に抜擢され、諸問題を上手に処理するようにと、身に余る重荷を背負わされている感じがしました。

勘定役に就任して一年が過ぎても、様々な問題が一向に解決することがないので、やがて周囲の人たちから批判が集中し始めました。

さらに家庭内の問題、特に跡継ぎができないことがそこに加わり、ついに藩の財政悪化の責任をとり、照子さんは自殺してしまいました。

●今生の課題

大木照子さんの課題は「バランスの保持」にありました。

具体的な照子さん本人へのアドバイスは、仕事というか、まじめな時と遊ぶ時の「平衡《へいこう》感覚を持つ」ということです。

●対策と処置

簡単に言いますと、よい意味での「適当」ということを覚えてほしいのです。普通の人に、適当ということは求めません。しかし照子さんの場合、もともとまじめ過ぎですから、バランス感覚が必要なのです。

要は「明日の風は明日になればわかる」「ダメでもともと」「何とかなる」「やめる勇気

も必要」といったことを体現してほしいのです。

●課題のクリア

死ぬ勇気があれば、生きて何でもできるという力と希望を持ち、人生を生きてほしいと願います。

●ソウルメイト

大木照子さんの母親が、別の過去世において照子さん思いの姉だったため、今回は母親の役で妹をサポートしにやって来ました。

一〇「不満と愚痴」

●仲間と距離を置くようになった四〇代女性

山口舞さんは東京の下町出身らしく、小さい頃からチャキチャキの江戸っ子でした。舞さんは三人兄妹の末っ子です。彼女は歳とともに愚痴《ぐち》が多くなりました。四〇代になった今でも結婚しないで、高校卒業時に就職した小さな町工場の経理を、かれこれ二〇年以上も担当しています。

独身貴族を謳歌しているわけでもないのでしょうが、一人で作る料理もおいしくなくなったので、区が主催するカルチャーセンターの薬膳料理教室に通い始めました。

だからといって、それまでのような愚痴と不満だらけの生活が一変するわけでもなく、段々、料理仲間の主婦たちとも距離を置くようになりました。世の常ですが、愚痴というマイナス波動を出す人は、自然と人が離れていきます。

そんな中、薬膳料理教室の講師をしている五〇代の女性とは、教えてもらっているうちに、打ち解けて話せるようになります。

しかし女性講師に「どうして独身のままなの？」と聞かれ、答えることができなくなったようです。そんな状況で、確かにどうしてこんな人生なのかと、その講師と一緒に悩み相談で私のところへやって来ました。


この世では皆、それぞれの人生でそれぞれの悩みを抱えて生きています。

しかしそれも考えようです。それらは、現世での問題＝課題であり、今生はその因縁を解決するために生きているのだ、とも考えられます。

あるいは、今生のこれまでの人生を歩むうちに、新たなトラウマをつくってしまったのかもしれません。

それらを含めて、人生においてはいくつもの問題がありますが、自分の「個性を知る」ことによって善処できるものも多いと思います。

そんな個性の形成に最も影響をおよぼした過去世を客観的に知ることに、霊視の意義があるとお考えください。

●山口舞さんの過去世

灌木が生い茂る赤茶けた大地の中で、部族または村の戦士たちが他部族と戦っています。眩しいほど照りつける太陽の光が、黒く動き回る戦士をとらえています。

ここは人類発祥の地といわれるアフリカ中部で、南には大西洋の荒波が見えています。欧州人の船が到着するたびに、沿岸部の部族と奥地の部族が争っているようです。

一六世紀頃のアフリカ中部、現在のガーナ付近の様子です。

ユダヤ商人が沿岸部の部族に肩入れして、彼らを使って内陸部の黒人を奴隷狩りしています。捕らえられた黒人を物々交換で商品として新大陸へ運ぶという、いわゆる三角貿易（奴隷貿易）です。

商品といっても、狭い船室の最下層の船倉で身動きが取れないほど詰めこまれ、ほとん

ど水しか与えられず、多くの奴隷が病死して鮫の餌《えさ》となっています。

人為的淘汰の結果、頑強な者だけが新大陸（米国）の奴隷となるわけです。

ちなみに新大陸の黒人がスポーツに秀でているのは、この悲惨な歴史の上に成り立っています。

どうやら今回の行き先は、新大陸でも南米の地域で、唯一のポルトガル語圏のブラジルのようです。ここで、ユダヤ商人の手からポルトガル系ブラジル人の大農場主へと売られた奴隷たちは、朝から晩まで死ぬまで農作業に従事することになります。

当然のように、仕事の能率が下がれば鞭《むち》打ちの刑です。さらに一年に一回、崖の飛び越え競技をさせられ、生き残った者だけが次の年も農作業を行います。これが死ぬまで繰り返されるのです。

この崖飛び越えの有名な場所としては、地下鉄建設工事の際に数十万以上の骸骨《がいこつ》（遺骨）が発見され、その後、テレビでもよく映し出される巨大なキリスト像が建立《こんりゅう》された、リオデジャネイロがあります。

当初は男の奴隷だけを輸入していましたが、効率が悪いため、新大陸現地での奴隷労働力の増強、さらに繁殖率増大のため、負けた部族に取り残された婦女子や若い女性をさらい、女黒人奴隷として輸入するようになりました。

その女奴隷の一人が舞さんです。

特に黒人女奴隷の場合、ユダヤ商人や白人農場主が「事前点検」のためにと手籠《てご》めにし、子どもを産む能力があることを確認した後、若くて体力のある男奴隷にあてがうという、むごい現実がありました。

せっかく色々な体験ができる地球に生まれたというのに、舞さんの人生はよいことなど一つもなく、悲しみと苦労の連続で、最後は崖の飛び越えに失敗して、暗い場所で痛みに苦しみながら死んでいきました。

今生が愚痴だらけの人生というのも当然かもしれません。

●今生の課題

山口舞さんの今生の課題は「利己的な願望の克服」です。

●対策と処置

具体的なアドバイスとしては、「現状をそのまま素直に認める」ということになります。確かに過去世の体験は悲運ですが、その前の過去世において（その前の過去世については霊視していません）、調和する心と感謝することを学ばなかったからではないでしょうか。

それゆえ、舞さんの生き方としては、今ある現実の姿を直視し、自分を認めるところから出発することです。嫌であることから逃げていては、常に問題が追いかけてきます。

今生が、魂にとって一番必要だった課題を克服するために生まれてきているという事実に気づき、前向きに生きることが大切です。

●課題のクリア

自分の人生を変える第一歩は、あくまでも「この人生を選んだのは自分」だとしっかり認め、それを受け入れることです。

個人として責任があると思えなくても、私たちはすべてが一体であり、つながっているとわかれば、どのような責任も引き受けられます。

その意味で、間違っているという否定・マイナス発想による断定でなく、本当の自分にふさわしいようにというプラス発想、肯定の理由やその気持ちで考える努力をすべきでしょう。すると不思議なほど、思いが実現します。

●ソウルメイト

薬膳料理教室の女性講師が、過去世において関係がありました。彼女は過去世において、とあるカトリック教会のシスターとして舞さんに優しく接していたのです。そこで今回は舞さんのサポートにやって来たというわけです。

第三部

人はなぜ死に、そして生まれ変わるのか

一　生と死の意味を知る

●愛の実践を提供するために転生する崇高な魂がある

日本人であれば、いわゆる「輪廻転生」という言葉を知らない人はいないと思います。輪廻を辞書で引くと、次のように記されています（新選国語辞典・小学館刊より）。

輪廻…すべての魂は転々と他の肉体に移り巡り、永久に滅びることがないこと

人（魂）は、いくつもの人生を生きて、それぞれの人生で必要なことを学ぶようにできています。人（魂）はまた、自分が新たに手にする肉体を自分で選んで転生します。

それは身体に障害を持つ肉体かもしれないし、脳に障害を持つ肉体かもしれません。ちなみに障害のある肉体で転生した人（魂）は、いったん地球での学びを卒業したものの、「愛の実践」という体験の場を多くの人に提供するために再び転生した、極めて崇高な魂と言われます。

いずれにせよ、どんな身体であったとしても、人（魂）は何かを学ぶ目的で選んでいる

のです。

魂は永遠です。つまり、人（魂）は皆「不死」です。決して死なないのであり、肉体という形をただ単に変えているだけなのです。

魂は知る必要のあることはすべて知っています。魂にとって隠されていることは何もないし、知らされていないこともありません。

しかしながら、知っているだけでは不十分です。

なぜなら、魂は体験（実践）して初めて、その知を自身の魂本体に刻み、ようやく自分のものとすることができるからです。

●光の波動体から人間が生成されるまでの仕組み

最初に「意識」を有する光の波動体が存在していました。

宇宙は波動体の意思に基づいて究極物質が誕生し、この究極物質によって、一瞬にして構成されたらしいのです。

この究極物質は宇宙に充満しており、その形を作っています。段々凝縮していくと、科学で言うところのクォーク（素粒子）となり、やがて「陽子」「電子」「中性子」が構成されます。

その結合した形のものが「原子」と呼ばれるものです。二つ以上の原子が結合したものが「分子」となり、人間の目で確認できるところの「物資」の性質を有する集合体となります。

ちなみに現段階における人類の学問の中で、この宇宙の実相に最も近い表現をしているのが量子学です。


こうして無機質が構成されると、次には、「炭素C」を基準とした有機質イコール「生物」、つまり植物と動物が構成、というか誕生するわけです。

ちなみに生物が誕生するためには、そこに「宇宙の意志」が働きます。何ゆえ宇宙というものが必要かということは、すでに皆さんご存じの通り、神の分身であるあまたの魂の修行の場として必要だからです。

人間にとって、地球という自然が体験のためには必要ですから、原始生物の単体細胞であるアメーバや各種の菌・ウイルスなどが集積し、人間などの生き物の肉体の最小構成単位である「細胞」を形成します。

さらにその細胞が集まると器官や血液となり、やがて一人の人間として統合されていきます。

人は約六〇兆個の細胞から成り立っています。

その細胞を形成する時に、様々な原因で、一部不完全な細胞が出てきます。最悪の場合はそれがガン細胞となります。しかし、一秒間に五〇万個の新陳代謝、つまり身体の細胞が生まれ変わる中、新細胞へと置き換えられると、健康体へと復活します。

●女性と男性に区分されることで、愛に関する学びを得る

魂も同じです。むしろ霊体と表現すると、イメージが湧きやすいかもしれません。

魂、つまり霊体を構成する様々な細胞（意識）には、それまでの成長段階における多様な体験に応じて、不完全な部分が生じます。

思いやりが足りない、忍耐が足りない、攻撃性が強い…そうした不完全な部分を、体験を通じて完全意識体へと置き換えているのです。

細胞は一秒間に約五〇万個生まれ変わりますが、魂の場合は一回が数十年。輪廻転生という仕組みを踏まえると、長い年数が必要となるわけです（ちなみに時間は地球上での現象であり、本来宇宙に時間はありません）。

私たちはその誕生に際して、「女性」と「男性」に区分されることで、質的内容を深め

ることができます。特に「愛に関する学習」で、それは著しい効果をあげることができます。

面白いことに、女性は子どもを産む機能を持つことで、精神的なものと肉体的なものの複合性が付与されています。

そのため、自然あるいは宇宙と一体となり、神の存在を直感的に感じることが簡単にできるような仕組みになっています。

残念ながら、ほとんどの男性にはこのような仕組みや機能がないため、様々な「修行」をすることによってのみ、宇宙との一体化もしくは神との一体化に到達できるようです。

現世においては、肉体を持って体験、つまり実際に動いたり、実践することによってのみ、初めて魂に情報として刻まれます。いくら頭で理解しても、修行上、何の役にも立ちません。

「魂の体験」の事例

●一見、平凡に見える人生にも「深い意義」がある

山下順子さんは、中学から高校時代にかけて得意のバレーボールで活躍したスポーツウ

ーマンです。エネルギッシュでショートヘアが素敵な二〇代の女性です。

結婚して東北地方のS市に住み、今では二人の小さな娘さんがいます。子育てと家事、それに夫を支えることに生き甲斐を感じる平凡な主婦です。

こう述べると、特に問題のない人生に思われるかもしれませんが、ひょんなきっかけを通じて彼女の霊視を担当した私は、一見、平凡に見える人生にも「深い意義」があることを改めて理解しました。

●過去世の物語…黒海沿岸で何不自由なく育った女性

一八世紀の欧州ウクライナ地方（小ロシア）の黒海沿岸に位置するオデッサ付近での情景です。北隣にある大国ロシアに支配されています。

黒海沿岸の穏やかな気候の下、隣の寒冷地に位置するロシアとは対照的に、ウクライナは豊富な小麦の産地である穀倉地帯に位置していました。

オデッサは古くから港湾都市であり、ギリシャ神話にも登場する有名な町であることも、山下順子さんの過去世である二〇歳のアンナにとっては自慢の種でした。

アンナは何一つ不自由のない穀物商人の娘として生まれ、自宅の大きな屋敷には、いつも多くの外国人、特に遠い西欧州のフランス、イタリア、イギリスの商人、あるいは南欧

州ギリシャの船主などが訪ねていました。
このため、アンナは単なる上流社会の貴婦人という立場だけではなく、世界情勢についても理解できる淑女（レディー）となっていました。
アンナは一人っ子でしたが、家には大勢のお客様がいて、絶えることなく賑やかだったために、とても社交的で明るい性格でした。
ただ、ロシア帝国臣民としての「誇り」と「名誉」だけは大切にしていました。さらに、大国ロシアの支配下にあるとはいえ、東スラブ民族の発祥地であり、ウクライナ人としてロシア人より歴史的に優位であるということが誇りでもあったのです。

ところで、ウクライナの穀倉地帯というの

は、約二三〇〇年以上も昔から、ヒッタイト人、スキタイ人、フェニキア人、ギリシャ人、ローマ人、ゲルマンのゴート人、フェン人、トルコ人、モンゴル人などが、相次いで通り過ぎた場所であり、住民にとっていつの世も心安らぐ時代がなかった地域でした。

ある時期にはアジアと欧州の混血国家で、生き残るために政策上、国教をキリスト教やイスラム教ではなくユダヤ教に改宗した「カザール人国家」も存在したことがあります。アンナが育ったその当時も名残で、まだユダヤ教徒として多くの人々が暮らしていました。

ウクライナの東部は小麦の世界的産地ですが、西部は東部と比較してそれほど豊かな地方ではありません。中でもポーランドやオーストリア・ハンガリー帝国近くの「ガリツア地方」（旧レンベルク辺り、現在はリボフ）は、どちらかというと最貧層のユダヤ人が数多く住んでいました。

●大恋愛の末に結婚した二人を引き裂く戦争の影

そんな時代、社交的なアンナは自宅に訪れる多数の外国人客の一人で、いつも陽気でお洒落な着こなしのフランス穀物商人・ジャンに対して、いつしか恋心を抱くようになりました。アンナのそんな思いが通じてか、その後二人は大恋愛の末に大勢の祝福を受けて結婚しました。

結婚翌年にはかわいい女の子が生まれ、名前をフレンチらしく「マリア」と名付けました。

三人はオデッサ市街の目抜き通りに住居を構えると同時に、ウクライナ産の小麦の上質なものを選りすぐり、その粉からとてもおいしい白色（当時のフランス国民は黒色パンがメイン）のフランスパンを作り、フランスのブルボン王室の御用達を得ました。

おかげでますます、ジャンの総合穀物輸入会社は繁盛します。


ところが、やがてフランス革命が起き、ナポレオンが登場してからというもの、大陸の西側地域ではいつ果てるともなく戦争が続きます。穀物商としてはビジネスチャンスでもあり、かなりの好景気が続いてはいました。

しかしいつの頃からか、ロシアとフランスが戦争へ突入するという雰囲気になってしまったのです。

アンナは、スラブ民族系ウクライナ人であり、ロシア帝国の一員であることに対して強い誇りを持っています。徐々にラテン民族系フランス人である夫のジャンとは、距離を置くようになりました。

ウクライナの中でもガリツア地方はユダヤ人が多く、フリーメーソンなどによる活動も活発でした。そのため、中世に繁栄したカザール国の復活を画策しているのでは、という噂も飛び交いました。

そしてそのカザール国を消滅させたのが、実はスラブ民族だったという歴史的な背景も、アンナとジャン夫婦に暗い影を落とす一因でした。

次第に夫婦は、ケンカが絶えないような関係となりました。

●銃殺刑後に生じた妻の「気づき」

一年以上も続いた家庭内のいざこざも、いよいよ終末を迎えていました。

ついにジャンは決めたのです。

祖国のため、フランスのナポレオン軍に一兵卒として志願し、ロシア遠征に参加することを。実はフランスのナポレオン軍にとっては、ロシア語通訳としてのジャンの評価が高かったのです。

フランス軍はプロイセン（プロシア）を超えてロシアに侵入すると、無敵であることを証明するように、次から次へとロシアの諸都市を占領します。そして瞬く間に、最終目標であるモスクワを攻撃する準備が整ったのです。

しかしながらロシア皇帝は、当初の作戦通り、広大な国土と気候を味方とするために、フランス軍が一切利用できないように帝都モスクワ郊外を徹底して破壊し、決戦を避けるためにウラル山脈まで後退して時間を稼ぎつつ、ナポレオン軍の衰退を待っていました。ナポレオンは長期戦を想定していなかったばかりか、もっと恐ろしい「白魔」というロシア風土を甘く考えていたのです。加えてロシア軍の徹底した焦土化作戦により、現地調達（兵站《へいたん》）がうまく機能せず、食料も暖も底を尽き、冬将軍（雪）の到来とともに後退を始めました。

しかし時すでに遅く、本格的なロシアコザック兵の追撃により、完膚《かんぷ》なきまでの負け戦《いくさ》になってしまったのです。

さすがのナポレオンもロシアの冬将軍に対しては完敗で、祖国フランスまで帰国できたのは、ほんの一握りの将兵でした。

この悲惨な敗走において、ジャンは祖国フランスを目指したのではなく、いとしい家族のいるウクライナ・オデッサを目指しました。ジャンは九死に一生を得ながら、何とかアンナのもとへと逃げ延びることができたのです。

いくらロシア人として誇り高いアンナでも、夫である傷ついたジャンを見殺しにすることはできません。

それでもスラブ民族としての義務感から、とてもギクシャクした態度となり、その様子から、やがて隣近所にジャンのことが知れ渡ってしまったのです。

数日後、妻と娘が見ている前で、ジャンは銃殺刑に処せられました。

アンナはジャンの埋葬が終わってから、娘のマリアとともに一カ月以上泣き暮らしました。泣いて、泣いて、泣きはらしました。夫を亡くしてから、ようやくかけがえのない存在だったことがわかったのです。

でも、取り返しがつきません。

民族の違いから生じた勝手な価値観をもとに、ケンカばかりしていたけれど、本当はこんなにもジャンを愛していたのだと、初めて理解したのです。

アンナはウクライナ人の名誉という、実にいい加減なものに揺さぶられ、結果的に愛するジャンを守りませんでした。

アンナの魂の課題は、本当の「夫婦愛」について知ることだったのです。

●唯一普遍的なルールは輪廻転生を通じて魂が成長するということ

古今東西、人間が作る様々なルールは、結論から言えば、その時代と地域に対してのみ当てはまる「狭い考え」です。

魂が輪廻転生の体験を通じて成長するという事実だけが、唯一、普遍的なルールです。その唯一にして普遍的なルールを踏まえて、いかにその時代と地域の状況に合わせて生きていくかにこそ、人生の重要性があります。

過去世におけるアンナは、自己の信念が意固地となり過ぎたために、愛する夫を失いました。人生を最も豊かにして、しかも最も魂の成長に役立つはずの夫婦愛が、自己の信念で崩れ去ることを体験したわけです。


順子さんの今の夫が過去世の誰なのかは、あえて霊視していません。ひょっとすると、ジャンかもしれません。

でも、霊視する必要は今のところありません。

なぜなら、順子さんが過去の教訓をしっかりと活かし、心から夫を支え、よき家庭の太陽として生き抜く決意で転生して来たからです。

今までのところ、彼女はしっかりとその課題を果たしているようです。きっと幸せな家庭生活を全《まっと》うして、満たされた気持ちで次のステップに上がることでしょう。平凡な人生の中にも、魂の修行の意義があるのです。

ています。

●前向きな考えは創造というプラスのエネルギーにつながる

輪廻転生については、様々な宗教書やスピリチュアル関連書に、ほぼ同じ内容で書かれています。

その輪廻転生のシステムにおいて、目の前の人を霊視する場合、私は「上の存在」に神頼みします。すると、全身を包みこむ淡い光の中で、私の心と何かが一体となり、答えをビジュアル・スクリーンで見せてくれます。

このスクリーンになった映像を、私は同時に言葉にしてお伝えします。ひょっとすると、右脳で受信して左脳で言語に訳しているのかもしれません。

先の第二部では、これまでの一二〇〇人にもおよぶ霊視のうち、現代社会の問題点と思える一〇例をケース・スタディとしました。

ただしエドガー・ケイシーによるリーディングのように、アカシック・レコード（魂が始まった時からの過去から現在における その魂の全記録と未来における設計図）を読むわけではありません。

私の場合、ただ神仏に質問して直接回答を得る、あるいは見せてもらっている、というシンプルな感覚です。

これまでの霊視を通じて、私から皆さんにお伝えできることがあります。
①最高の考えには必ず喜びがある
②最高の言葉には必ず真実が含まれる
③最も偉大な感情は愛
④前向きな考えは創造というプラスのエネルギーにつながる
⑤後ろ向きな考えは破滅というマイナスのエネルギーにつながる
これらを知っておくだけでも、人生が素晴らしいものに変わります。

●神の思いとステップアップ

インドがその昔、天竺《てんじく》と言われていた頃の宗教書である『リグ・ヴェーダ』に、神について次のように書かれています。

〈神は自分自身を知るために、もう一人の神を創造し、ついには無数の自分を自分自身の一部として創造し、人間として体験するようにしました。つまり人間は神の一部である「魂」であり、それゆえ、この素晴らしい自然と地球と宇宙を正しく認識して、やがて一体化すべきものです〉

〈神は、人を「魂」と「七つの層の幽・霊体」と「肉体」の合体として作りました。それは、神としての自分自身を知るためだったのです〉

人は神の一部である個々の魂として、神の子であり、神もまた人を通してしか、天上天下唯我独尊である神自身を知る方法がありません。それが神の計画であり、つまりは理想ということです。

これまで見てきたように、私たちは肉体を有する人間として、この世、つまり現世に生まれてきました。その現世において魂の修行を積み、再びあの世へと帰って行くのです。

そんな修行の中で、最も大切なことが三つあります。

それは「愛」「調和」「感謝」です。

その三つに気づき、様々な体験をしながらステップアップすること。ステップアップとは、文字通り「階段を一段ずつ上がる」ことです。

要するに、一つの人生で一つの課題を着実にクリアする、ということです。

魂の成長には時間はありません。だから楽しみながら、一段一段上がることが大切です。

人間として生まれたあなたは、まさしく「人生という名のドラマ」における主人公そのものです。

男性であればヒーローであり、女性であればヒロインです。

そしてあなたの「思い」が、自分で選んだ主人公を演じるのに最もふさわしい周りの配役や舞台装置といった環境を生み出します。

だからこそ、あなたはあなたの自由意思に基づいて、「人情劇」や「ヒーロー劇」、あるいは「喜劇」や「悲劇」、その他最も演じたい劇の主役として、今生を演じ切ってほしいのです。

二　愛の意味を知る

●愛には二つの「行動」がある

神は神自身を知るためにもう一つの神を作り、それが無限に枝分かれしたものが各人の魂であると述べました。

このため、魂は他の魂の存在を知り、実はお互いに大切なものであるということ（つながっているということ）を認識し、愛に基づいた行動をすることで成長し、ステップアップするよう設計されています。つまり、愛の実践のみが神の思い、または魂の成長の目的に一致するわけです。

愛と恋は明確に違います。

恋は単に人間としての欲望の一つに過ぎません。恋とは、実際は「自己愛（ナルシシズム）」の投影として他者を見ているに過ぎない、ということを知ってください。

いわゆる自分と似た雰囲気、あるいは似た境遇の異性を勝手に好きになること、要は「恋に恋する」状況です。

それに対して愛は、人間存在の真の目的である「魂の成長」そのものを意味するとともに、その意識を通じた神の行為そのものです。

その愛には、プラスの愛とマイナスの愛という二つの「行動」があります。

相手が存在していること（生存）、また相手が存在していたこと（死去）に対して、感謝し続けて無償で奉仕する実践や行動。それをプラスの愛と言います。

「プラスの愛」の事例

●幸せそうな生活なのに「不安」を感じ続ける

高島真弓さんは、東北地方のH市に住む三〇代のおしとやかな女性です。

一六五センチのスリムな真弓さんは、亜麻色の髪と色白な肌という典型的な「秋田美人」でもあります。結婚して男の子が一人生まれ、とても幸せそうな家庭生活を送っているように見受けられます。ところが彼女自身は、そんな家庭生活の中に何か満たされないものを感じ続けていました。

それは、自分は本当に夫から愛されているのか、息子をずっと守り続けることができるのかという「不安」です。心の深い部分から、なぜか夫と息子に対するとても切ない想いがいつもこみ上げてきました。

●過去世の物語…ラ・ムーの高官の娘として生まれた女性

いにしえの帝国の町並みが見えます。現代文明とはかけ離れたように遠い、紀元前約一万年前の太平洋に浮かぶ伝説の国の情景が浮かびました。

そこは「ラ・ムー」と呼ばれるムー帝国（通称）です。

私はこれまで一二〇〇人を超える人をボランティアで霊視しましたが、彼らの過去世を視ていくと、中には常識的な歴史の枠を超えた、ムー大陸とかアトランティス大陸、さらに地球という枠を飛び越えた、金星人や火星人などの過去世を持つ人々が、数は少ないの

ですが、確実にいらっしゃいます。
　アスカと呼ばれていた真弓さんは、古代帝国ムーにおける高位の神官の娘として、帝都ラ・ムーに生まれ育ちました。私のビジュアル・スクリーンでは、現在の南太平洋ミクロネシア・パラオ辺りに見えます。
　アスカは三人姉弟の長女で、二つ下の妹と一二歳離れた弟がいました。一番上ということで、ちょっとおっとりしたところがありますが、一番下の弟などの面倒はよく見ていました。
　一方、二つ下の妹は活発なタイプで、姉のアスカよりも積極的に行動しました。恋愛についてては特にそうです。この方面に関しては、アスカはとても受け身的というのか、もっと言えば恋愛自体が怖かったということもあり、少し臆病だったのです。

アスカの人生における考え方は「人として強く生きる」というものでした。それは、父親からの強い影響を受け続けた結果です。

父は神官・貴族階級と言いながらも、もともと低い階級の出身であり、自らの努力で立身出世した人です。強く生きた結果としての地位だったのです。

父の結婚相手となった母の実家は、もともと高位だったのですが、次第に没落していった家系でもありました。

そんな両親には夫婦の愛よりも、人生はいかに強く生きるかによってすべてが決まるというような固い信念があり、夫婦の愛に対する期待はなかったのです。長女だったアスカは、生まれた時からそんな両親の深層心理を敏感に感じて育ったわけです。

●大宇宙からの使者によってもたらされた帝国

ムー大陸は太平洋上に存在していたと言われる伝説的な大陸です。

ただし、私の見たムーは、現在のポリネシア〜メラネシア〜ミクロネシア一帯の広大な地域にまたがると同時に、北へ細長く延びている部分がありました。

それは、伊豆・小笠原諸島～日本列島まで含まれるビジュアルでした。

日本列島はムーの一部、つまり大陸北西部の険しい山々だったのです。その地域は「ヒタ」地方と呼ばれていたのだと思います。また、ムーの副帝都である「ヒダ」もあったと思われます。

当然、現在のユーラシア大陸の中にもムーのコロニー（植民地など）が複数あったと思えます。

私のビジュアルでは、北はアララタ山（アラフト山）などのコーカサス地方、中は天山（ホータン）などのシンチャンウイグルのタクラマカン地方、南はデカン山（デカン高原）などのインド地方が見えました。

南風に煌《きら》びやかになびく明るい亜麻色の髪。そして神が与えたであろう衣まで透き通るほど色白の美しいアスカ。ムーの人々の誰もが遠くから認めるほどの美しい女性にアスカこと真弓さんは成長しました。

ムー帝国はすでに二〇〇〇年以上の歴史を有していました。高度な物質文明と精神文明がみごとに融合した帝国は、「大宇宙からの使者」である神々によってもたらされたのです。

ムーの人々は愛にあふれ、共生（調和）し、すべてに感謝して生きていたのです。時のムー帝国の皇帝は「アマノ」と呼ばれ、その治世はすでに二〇年以上にわたっていました。当時、このムーの文明は永遠に続くと思われていたのです。

しかしながら、すでにそこには、愛に対しての疑念を持つものや、自分たちは神に守られていて何もしなくてもすべてが永遠に続くのだと錯覚している人々が、日を追うごとに増えていました。

高度な文明ほど、人々の意識が直接的に地球に反映されます。この時代の地球も、大きな転換に向けて動き出していたわけです。当然のように、それは地球自らの「浄化」のためでした。

そのための「天変地異」が来る日が近づいていました。

●愛する女性を巡る死闘へと発展した

さて、帝都ラ・ムーに住む皇帝一族には、二人の若き英雄がいました。

一人は「タカミ」と言い、文武両道に優れていました。特に世界のコロニー安定化施策、つまり異民族鎮圧に名を馳《は》せていました。

もう一人の「カムイ」も文武両道に優れており、ムー帝国内の行政における高い能力が認められていました。

二人はともに皇帝一族であり、仲のよい従兄弟でした。

ところがある日、舞踏会のような何かのパーティーで、二人ともアスカの美しさに心奪われてしまったのです。そして何とアスカは二人から同時に求婚され、ついにはアスカをかけた決闘へと発展しました。

皇帝の御前で決闘して、勝者がアスカに求婚することになったのです。

前述しましたが、アスカはその育ちから愛というものを信じていませんでした。一人の女性として考えると、複数の男性から求婚されて嫌なはずなどありません。しかしながら、アスカは愛については表面しか見えなかったし、そもそも愛自体を理解していませんでした。

つまり「人生を強く生きる」アスカにとっては、タカミとカムイのどちらが便利なのか、という点だけだったのです。

そんなアスカの幼なじみであるクルスは、「本当のアスカ」に還《かえ》るようにと、彼女を助けてあげたい気持ちでいっぱいでした。

しかし、同じ皇帝一族の一人といっても、武勇に優れていなかったクルスにはどうすることもできず、ただ成り行きを見守るしかなかったのです。

そんな中、タカミとカムイの「死闘」が開始されました。

初めは面白半分で見ていた大観衆も、お互いの体を傷つけてまでも必死になっている二人の姿に耐えられなくなってきました。

それに引き換え、アスカは驚くほど打算的な態度で臨んでいました。

さすがに皇帝も彼女のその様子から、二人に対して本当はどのように思っているのかをアスカに質《ただ》しました。

アスカの「愛に対する打算的な態度」が、ついに暴かれてしまったのです。

●打ち首寸前に知った「愛すること」の本当の意味

アスカは小さい頃から、常に「かわいい」「綺麗」「美人」と言われて育ちました。

このため、本人の自覚のないままに、ちょっとしたお世辞が当然だというような高慢な態度になりがちで、相手に対してつっけんどんなところも多々ありました。興味のあるものに対しては面白おかしく活き活きとしますが、興味が失せたものに対してはとても冷たくなってしまうのです。

その態度に、「本音と建前」みたいな差があり過ぎたのです。

皇帝は、自分の一族であるタカミとカムイが、少しばかり綺麗な程度の女性のために命までかけた決闘をしていることに、心が痛んできました。

二人ともアスカを妻として迎え入れることに、血だらけになりながらも、なおまだ悲惨な終わりなき戦いをしている…ところが当のアスカ自身はすっかり興味をなくしたらしく、つまらなそうにあくびをしたり、目を閉じたりしているのです。

明らかに、二人に対する愛など微塵《みじん》もなかったようです。

皇帝は、我が一族への侮辱であると断定しました。

そして、単なる一貴族に過ぎない小娘の横柄な態度に対して、死罪に値すると裁定、その場でアスカを取り押さえました。

その時、初めてアスカは自分の間違い、特に愛に対する考え方の罪深さを知ったのです。

皇帝の命により、軍の兵士によって今にも打ち首となろうかという瞬間、アスカの幼なじみのクルスが飛び出し、皇帝に直訴しました。

皇帝一族とはいえ、クルスの行動は「死」を覚悟したものです。

クルスは、これまでずっと幼なじみだったこと、アスカの家庭環境や生い立ち、そして彼女が行った善行などを、必死で奏上しました。

また彼はアスカを心底愛しているとともに、もしアスカをこのまま処刑するのなら、御前でこのような勝手な行動をとった私からまず処刑してほしいと願い出ました。

「愛とは求婚した人たちの選択ではない。魂から本当に誰を愛するのかが愛そのものである」

本当の愛を、アスカは人生の最後に目前で見せてもらったのです。アスカはやっと愛がわかりました。

彼女はその場に泣き崩れてしまいました。

皇帝は同じ一族であるクルスの、死を賭した言動に感動しました。

そしてその場で、クルスとアスカの結婚を承諾し、アスカの罪と罰については不問とすることにしました。

●家庭を築いた幸せの一方、大陸異変の前兆が発生

新米の神官（地学・天文気象担当）であるクルスにとっては、すぐ結婚できる余裕などなかったのですが、皇帝から多くの厚意を得て、また周囲から祝福も受け、小さいながらも結婚式や披露宴を挙げることができました。

二人は帝都郊外に新居を構え、やがて新たな生命がアスカに宿りました。

玉のように立派な男の子が生まれたのは翌年の夏でした。

ムーの気候は私のビジュアル・スクリーンでは、大きく雨季と乾季の二つに分かれ、夏とは乾季に相当します。

アスカはここに至って初めて、本当の家族というものを体験し、愛の大切さを学び理解していました。

そしてその愛が日々プラスされ、段々大きくなっていくことを、身をもって感じ取っていたのです。その愛の対象は言うまでもなく、初めは夫であるクルスであり、さらにそこに息子のワダツミが加わりました。

アスカは、二人が存在している、生きているだけで、幸せに満ちあふれていたのです。


クルスは地学・天文気象担当の神官としての使命を果たしていたのですが、ある日、ムー大陸自体の異変に気づきました。

一般の国民にとっては、ちょっとした自然の変化程度にしか感じられなかったのですが、神官の高度な専門知識によって、やがて大変な事態になることを知ったのです。

すぐさまアスカの実父である高級神官へと報告すると、義理の親子はただちに皇帝に報告に行きました。

しかしながら皇帝は、みだらに人心を混乱させることは適切ではないと判断、ムーの科学力をもって密かに処置せよと命じたのです。

それと同時に、ムー大陸の全地域が危険となるのか、別の大陸にあるコロニーは安全なのかどうかの調査も命じました。

その命を受けたクルスは、数カ月にわたり綿密に現地を調査・研究し、ついに答えを得ることができました。

ムー大陸の北西部の山地（現在の日本地域）は地盤が固くて安全であること、他の大陸のコロニーについても充分安全が保証できるものだったのです。

ただし、いつ地球全体の天変地異、あるいは神の裁きがあるのかまでは予測できません。このため国民に対して、コロニーへの移住を進めるとともに、北西部の山地（日本地域）への転居を促すように進言しました。

しかしながら皇帝は、事の重要性を認識しながら、天変地異の前に国民を強制して移民させるという「決断」をできなかったのです。

●火山弾、巨大地震、大津波…ついにその時を迎えた

クルスの進言に基づき、物事がスムーズに進んでいたとしても、災難を回避できたかど

うかは、今となってはわかりません。

というのは、ムー帝国の人々の「愛」に対する間違った解釈に基づく行動と、神への感謝不足が加速している状態でもありました。ムーの人々は、長い時間をかけて築き上げてきたムー文化をただ満喫しているだけであり、人間としての適切な判断力を阻害しているようでもありました。

大部分の人々は、神々よりも人間のほうが偉いのだと慢心し始め、人間至上主義および個人主義が頂点に達した時、悲劇が始まったのです。

それはまず、火山の噴火や巨大地震の発生からスタートしました。

この期におよんでようやく皇帝は事の重大さを国民に呼びかけ、訴え、理解してもらおうとしました。しかしながら、享楽に明け暮れた人々の目や耳には伝わらなかったのです。

やがて異常気象は常態化し、農業や漁業に深刻なダメージを与えるようになると、次第に帝国全体の景気が悪化していきました。

皇帝は何とかしてこの事実を伝えようとして、すでに一〇回以上も国民の前で演説を続けていたのです。しかしながら人々は聞く耳を持たず、同時に一刻一刻と帝国最後の日を迎えつつありました。

皇帝が一三回目の演説をしている最中、これまで以上に大きな噴火が発生、皇帝はその火山弾に直撃されてしまいました。多くの聴衆たちも被害に遭い、帝都はまさにパニックとなりました。

それと同時にこれまで以上の巨大な地震が発生、堅固な建物が次々と倒壊し始め、大きな津波が近づいていました。

この時、皇帝は死を覚悟し、最後の力を振り絞りながら立ち上がり、次の皇帝にクルスを指名しました。クルスに後事を託すと、老いた皇帝はついに亡くなりました。

●脱出、そして新しい生活を迎える中での安らかな臨終

ムー帝国最後の皇帝となったクルスは、すぐさま国民に対して即位を宣告し、速やかに北西部もしくはコロニーに移住することを命じました。

クルスは亡くなった前皇帝の亡骸《なきがら》とともに、妻子および一族郎党を引き連れて、北西部地域の副帝都「ヒダ」へと出発しました。

次々と襲いかかる地震と噴火によって、陸伝いでは移動できないため、近くの港へ出て皇帝専用船に乗り、その後は多くの船と一緒に、彼らは沈みゆく大陸沿いに北上していきました。

その航海途上においても荒波や嵐に揉まれ続け、半数以上の船が海の藻屑《もくず》となって消えました。この時、大海原だけとなってしまった太平洋を、一行は一週間以上かけて北上しました。

北上を続けると、行く手に大きな「フシ山」が現れ、そこから舵を西に切りアツタの浜へと入港しました。さらに、そこから陸路で副帝都を目指して、多くの国民とともに進んでいったのです。

ヒタ地方の住民たちは新皇帝の到着を歓迎し、これまでの労をねぎらいました。到着するとまず、皇帝クルスは前皇帝の亡骸を丁重に葬り、礼節を尽くして祖先ゆかりの大地に墓を作ったのです。

この山間にある副帝都「ヒダ」には不老長寿の薬草「ヤマニ」があるとともに、祖先神の大事な墓がある神聖な場所でした。実はそこは、遠くの「空から飛来した神々」が初めて地上に到着した場所だったのです。

空から飛来した神々とは、私のビジュアル・スクリーンでは、昴《すばる》などの星々であり、「金星」および「火星」といった惑星からの訪問者です。

はるか彼方の太陽系以外の昴などからの訪問者たちは、太陽系においては、まず金星や火星などへ降り立ち、その後、地球に来ました。

しかし神聖な墓があるだけだったので、山間の副帝都には、多くの人々を養うだけの産業や食料がありません。

このためクルスは、帝都が海に没する前に作られていた穀物である米と小麦に目をつけ、北西部でも、暖かくて湿地帯がある豊葦原に新帝都を建設することに決めました。

葦《あし》が生い茂り、大きな川もあり、海にも近いという条件から、まず「セッツ」と「カワチ」を耕作地と定めました。大勢の人々とともに畑を耕作し、大きな用水路を構築して水を引き、水田を作る日々が続きます。

米や小麦が採れるまでの間は、地元の人々から分けてもらった食料と魚で賄いました。

幸いにも、翌年の秋には大豊作となりました。

さらにその後、大収穫が見込める「ナラ」の地に、クルスは新帝都「アスカ」を築いたのです。新たな「ムー・縄文文明」の夜明けでした。

残念ながらそこには、新皇帝の后・アスカの姿はありませんでした。

アスカは、海底に沈んだ帝都から夫のクルスとともに命からがら脱出し、激しい荒波の中、船の激しい揺れをも耐え忍び、ようやくアッタへと上陸し、副帝都「ヒダ」まで皆と一緒に歩いてきました。

それまでの生活と一八〇度違う厳しい環境においても、クルスによく従い、苦しさを耐え忍んでいました。

しかしながら体が、激変した気候の違いに順応できなかったのか、到着したその年の冬に風邪で倒れ、翌年の春には床に伏せたままの状態となっていました。

夏のある暑い日、たわわに実りつつある黄金の稲穂を見て満足するとともに、クルスと息子のワダツミに手を握られながら、アスカはまるで抜けるようにこの世を去りました。

その顔は、真実の愛を知った安らかな表情でした。

大勢の国民とともに彼女の葬儀を終えたクルスは、その後、ナラの地に新しく築いた帝都をアスカと名づけました。

●心配性な彼女をフォローするために転生した夫と息子

愛というものは、最初は誰かに愛されることから始まります。

やがて愛することを知り、それを無償の愛へと高めることができます。

愛する人が現世に存在している、あるいは生きていてくれたというだけでありがとうと感じる行為に、私たちは素晴らしい愛の形を見ることができます。

これが、プラスの愛です。

高島真弓さんはアスカとしての過去世において、愛の本当の姿を見つけることができました。しかしながら、今生はその大切な夫と息子がすぐにいなくなってしまうのではないかと、不安に心を奪われたようです。

そのため、今生ではかつて息子だったワダツミが、母親のアスカを悲しませたくないと思い、末永く一緒にいようと夫として転生したのです。

ちなみに、結婚する前に心と体に刻むような恋をしていた彼氏が、実はかつての夫クルスその人です。心に残るような温かい恋を経験した後、息子ワダツミだった現在の夫と、本当の愛で結ばれるようにした、というわけです。

まさに絶妙な輪廻転生の仕組みです。


さて、ここからは逆に「マイナスの愛」を見ていきましょう。

これは、極めて大きな困難を伴う実践であり、その行動です。

いわゆる「プラスの愛」を経験、または実行した後に、相手の裏切りなどによる「別離」を経験し、精神的、肉体的、経済的にも、不幸のどん底に突き落とされます。

その上で、実はここが重要なポイントなのですが、それまでの相手の一切の行動を許します。

さらに、それまでのことに共生（調和）の喜びを感じ、最終的に感謝の段階を経て、真実の愛へと昇華するというものです。

私のような霊的未熟者には、到底なし得ないことだと思っています。

「マイナスの愛」の事例

●大恋愛の末に家庭を築いた夫婦が「離れていく」感覚

佐藤香澄さんはロングヘアがよく似合う二〇代の奥さんです。

東京生まれで東京育ちの彼女は、コンサルティング会社を経営している長身のご主人と結婚し、東京近郊のY市に住んでいます。

三歳になるかわいい娘さんとの三人家族で、香澄さんは見た目にも幸せな家庭を築いています。

ただし、仕事に熱中してほとんど家に戻らない日々が続く夫に対して、漠然とした感じではあるものの、何となく「離れていくような」寂しい思いを沸々と感じることがあるようです。

ご主人とは友達の紹介で初めて会った際、ビビッと電流が走りました。大恋愛の果てに結婚した二人なのに、いつの間にか物とお金はあるけれど、どうにも満たされない日々が増えていったのです。

●過去世の物語…ザクセン族からブルボン王家に嫁いだ貴族

ヨーロッパが「中世から近代へのターニング・ポイント」となった大きな出来事の一つに、一八世紀終盤に起きたフランス革命があります。その革命直後のパリの町並みが、鮮明に見えてきました。

その町に、佐藤香澄さんの過去世である貴族マリー（マリア）がいます。マリーはフランス人でもフランス国民でもなかったようです。

もともとフランスという国家は西フランク王国から成立しました。一方、ドイツは、東フランク王国から神聖ローマ帝国へと変遷した国家でした。

マリーは、そのドイツ北部のゲルマン・ザクセン（サクソン）族における貴族の娘として大都市ハンブルグで生まれ育ち、パリ・ブルボン王家一族の中でも凡庸《ぼんよう》で目立たない貴族アンリのもとへと嫁いだのです。

白色人種最強と言われるゲルマン民族の中では、西ゲルマン民族が一番強く、その中で

もフランク族とザクセン族は二大部族と言われます。

ちなみに、現代欧米社会の中枢であり「西欧列強」であるドイツ、フランス、イギリス、アメリカは、フランク族とザクセン族で構成されていることから、その強さがわかると思います。

それぞれの祖先については、若干の違いもあります。

フランク族はラテン人と同じく「トロイ」が起源であり、祖先もそこから来たと言われています。

これに対して、同じ西ゲルマン民族であるザクセン族は、唯一、大西洋を見た「スキタイ人」の子孫と伝えられています。

話を戻しましょう。

ブルボン王家の一員であり凡庸なアンリに嫁いだマリーはその一年後、かわいい娘「ロレン」を生みました。

ロレンという名の由来は、フランスの「アルザス・ロレーヌ」地方から来ています。もともとは短命だった中フランク王国「ロタール」国王の名前です。その後、東フランクが継いで神聖ローマ帝国の領土となっていましたが、この時にはフランスに含まれていました。

マリーが神聖ローマ帝国の出身だったため、この名前をつけたのです。

●勢力を落としたイギリスに反比例してフランスが台頭

嫁ぎ先であるブルボン王家一族は、偉大なるフランク王国シャルルマーニュ（カールまたはチャールズ）大帝没後の西フランク「カペー朝」の一族であり、最も繁栄した太陽王ルイの家柄でした。

現在の当主・フランス国王ルイ一六世は凡庸と言われつつ、フランス自体は西洋諸国における大国そのものでした。そしてその后《きさき》は、同じく西洋の超大国であるオーストリア（ゲルマン・バイエルン族）・ハンガリー帝国のハプスブルグ選帝侯家出身のマリー王妃だったのです。

西洋においてイギリスが、清教徒（ピューリタン）革命以降、相対的に勢力を落としてきたのと反比例して、フランスは昇る太陽がごとき大国でした。

カペー王朝で、同じ分家筋のブルボン王家と対立する「オルレアン家」の当主は、本来受け継がれるべき家系としては不遇の地位にありました。このため、積極的にフリーメーソンと共同して、王位奪回を計画していたのです。

ちなみに王様は英語でキングと言いますが、その語源をたどると「キーン・イング」で、これは「部族（フランク族）の長」という意味です。日本で言うなら、源氏の長者＝源家や、足利一族と同じような意味です。

このため、ナポレオンはコルシカ島「貴族」の家柄であり、絶対にフランス王になることができないため、皇帝と宣言したのが本音だったのです。なぜなら、コルシカ貴族の出自はゲルマン・フランク族でなく、イタリア系の貴族だったからです。

しかもナポレオンが生まれた頃に、イタリア・ジェノバからフランスへ売られました。まだまだフランク族を語るには歴史が浅かったのです。

当時のフランスは、随一の大国として軍隊も強く、華やいだ雰囲気を持っていました。

このため、大勢の商売人が首都パリを目指して集まりました。

その中の一人に、アルザス地方出身のユダヤ商人シャルルがいました。アルザスはロレーヌ同様、ドイツ語圏だったのですが、この当時、東フランクから西フランクに領有が変わったばかりでもありました。

また、アルザスはヨーロッパでは珍しく、善良なユダヤ人に対しては土地保有を認める伝統的な土地柄でした。このためロレーヌ同様に、ユダヤ系穀物商人が多かった地方なのです。

ちなみに、現在の穀物メジャーもその半分以上を彼らが占めています。

さらに付け加えると、英仏一〇〇年戦争におけるジャンヌ・ダルクは、当時の戦争に全く関係ない「ドイツ・ロートリンゲン（ロレーヌ）」出身者でした。

●フランス革命のさなか、夫のアンリが処刑

シャルルはアルザス出身のユダヤ系穀物商人として、ウクライナなどからの小麦粉の輸入で大儲けしていました。

パリの上流階級がお得意様でしたが、その中でも特に、気軽にドイツ語で話せるマリー

の一家は一番のご贔屓《ひいき》でした。

この時のドイツ一帯には、かつてのフランク王国分裂後に東フランク王国が成立し、さらにそれをフランク王国の正当性を継いだものとして拡大発展した神聖ローマ帝国が栄えていました。

しかしながら、ドイツ三〇年戦争とマルチン・ルターによる宗教改革で、およそ三〇〇の小国家群となっていました。

ちょうどその間隙《かんげき》を縫うように、本来は通常の商人である「ユダヤ人の豪商」と「カザール国民」の一部が一致団結、フリーメーソンの下地となる組織が存在していました。

この一部がスコットランドでフリーメーソンとなり、オランダ独立や清教徒革命を起こしたと伝えられています。

しかしながら、それらは決して大成功とは言えなかったこともあり、新大陸で「フラマッソン（フリーメーソン）」を結成、アメリカ独立で大成功したと伝えられています。さらにその後、欧州でフランス革命を起こし、大成功させたとも言われます。

フランス革命も当初の段階においては、国内の暴動などで政権がフラマッソン系になっただけでしたが、急激な革命に対して庶民の不満が続出し、一挙に内乱へと発展したというわけです。

内乱の収拾を図るためには、国王や王妃を処刑しなくてはならない状況にまで陥りました。ところが処刑後、さらに内乱が拡大したため、お互いが殺戮《さつりく》し合う状況となりました。ついには首都パリ近郊で貴族と僧侶が暗殺の対象となってしまい、その争いの中、マリーの夫である貴族アンリが捕まり、処刑されてしまいました。

●穀物商人の手引きで隠れ家へと身を潜めた母娘

決して愛に満ちあふれていた家庭ではなかったのですが、さすがに夫が処刑されてしまうと、今後どのようにして生活、いや、どのようにして生きていけばよいのか、マリーにはわからなくなりました。

その時、親身になって助けてくれたのがシャルルでした。

彼はユダヤ系穀物商人ですが、同じアルザス出身ということで、異国の地で母国語のドイツ語を喋ることができた唯一の友人でもあったからです。

いまさら五歳になった娘のロレンを連れてハンブルグへ戻ろうにも、貴族という身分を隠して旅を続けることは不可能で、時間の経過とともにマリーの悩みは増えていく一方です。

それでも、シャルルに手助けしてもらって財産整理をしてみると、家屋敷と少しばかりの財産が残りました。そこで、何とかこの内乱さえ無事やり過ごせば、この先、親子二人くらいは生きていけるのではないかと考えるようになったのです。

マリーが貴族である事実をパリで知っているのは、シャルルだけでした。それゆえ、なおさら信じ、頼れる人はシャルルだけだとマリーは思い、文字通りすべてのことを任せきっていました。

そんなある日、マリーが貴族であることがバレたみたいだから秘密の隠れ家へと行ったほうがいい、とシャルルに勧められました。

彼女はシャルルに感謝しつつ、ただちに最小限の貴重品だけを持ち、ロレンと二人で隠れ家へ直行しました。

隠遁《いんとん》生活で必要となる生活必需品や、財産管理については、すべてシャルルに依頼しました。

小さな小屋みたいなところへ入ると、自分たちと同じような境遇と思われる貴族らしき数家族の人々がいました。みんな反対派に殺害されるのではないかという恐怖心いっぱいの怯えた表情です。

そこでは誰も口を開かず、時間の経過とともに沈黙だけが重くのしかかっていました。夜が更《ふ》けるに従い、皆は次第に寝静まっていったのです。

深夜の静寂が辺りを支配した頃、突然、小屋の裏戸が乱暴に押し開けられ、反対派の住民十数人が銃を乱射しながら突入してきました。

中は阿鼻叫喚《あびきょうかん》、まさに地獄絵図の世界へと早変わりしたのです。

●地獄の状況を脱出した二人が向かった落ち着き先

すべてが終わり、また静寂が戻るまで、ものの一〇分くらいだったのでしょうか。

マリーとロレンの二人を含めて、誰一人息をしている様子もなく、その場で全員が殺されたかのようでした。数分後、一人の銃を持った反対派住民が、全員の死を確認して小屋の外へと出て行きました。

その直後、マリーは「痛み」を覚えて右手を押さえました。

「もしかしたら…私生きているの？　ロレン、ロレンはどこ？」

暗闇の中、とっさに近くを探すと暖かくて小さな手に当たりました。

「ロレン、ロレンなの？」

呼びかけると、小さな声が伝わってきたのです。

「ママ…ここはどこなの。ロレン怖いよ」

今度はしっかりと、マリーはロレンを抱きしめました。

「ああ、よかった…助かったのね。ありがとうロレン。本当に嬉しい」

マリーはロレンとともにその場から逃げ去り、朝霧《あさぎり》の中、大きな川に達すると、必死で探し出したボートで川を渡り、夜が明けるまで歩き続けました。

すると、辺り一面、見渡す限り花畑のような美しい場所に着いたのです。近くの農家らしきところへ行くと誰もいません。

誰も住んでいないようなので、もし持ち主が戻ってきたらお願いすることにして、とりあえず住まわせてもらうことにしました。

落ち着いて生活するようになると、これまでのことがハッキリとわかってきました。

夫アンリの処刑後、マリーはシャルルに身も心も助けてもらっていました。シャルルはとても優しく、財政的にも頼りがいがあったことから、いつしかマリーはシャルルの愛人となり、本当の幸せを得たと思っていました。

ところが、わずかばかりの賞金欲しさに、シャルルは元貴族の妻と娘を革命政府に売り渡したのです。

しかしながら、その危険な状況を抜け出し、今こうして娘と二人幸せな生活をしているのだから、マリーはシャルルを許そうと思いました。

まさに今、生涯最高の何の心配もない幸せを、愛娘のロレンとともに得たのですから。

もうお気づきだと思いますが、マリーとロレンが幸せな生活を送っている場所は、残念ながら現世ではなく、あの世である「幽界」だったのです。

やがて二人は、別々の「霊界」へと旅立ちました。

シャルルの裏切りによって、隠れ小屋で皆と同じように、マリーとロレンは殺されたのです。

●幽界は霊界に行く前の準備段階の場所

本来なら魂がこの世で肉体に宿っている時に、様々な体験をすることで、課題を克服し、ステップアップできると私は前述しました。

しかしながら、佐藤香澄さんの過去世においては、この世だけでなく幽界にまで行き、体験していました。

実は精神的に未熟児的な私たちの魂は、現世からストレートに霊界へと行けません。そのため、精神的に未熟な多くの魂のイメージが重なって作った中間段階的な仮想世界というのが、実は幽界なのです。

つまり幽界は、どちらかといえば、死後本来の霊界へ行くべき前の準備段階の場所なのです。

このため、一般的に幽霊と言われている存在も、幽界に関連している「彷徨《さまよ》える」存在なのです。

もっとも、やがて地球の波動が上がり、人間の波動も高くなるとともに、この幽界の役目も終わり、なくなるようです。

こう見てくると、以前流行した映画『マトリックス』のような仮想現実空間が、霊界の説明に一番適しているようです。

本来の輪廻転生においては、現世からストレートに霊界へ行きます。

幽界は、その意味ではどちらにも含まれる世界です。

しかしながら幽界は現世に近く、そこでの体験も一部は現世と同じように魂に刻まれるというわけです。

●過去世と同じ状況設定で転生した今生

人生における最大の苦悩の一つに、「幸福の絶頂」から「不幸のどん底」へと突き落とされるという状況（境遇）があります。

そのような過酷な状況で、たとえ当初は相手を憎んだり恨んだりしても、やがてその苦悩を乗り越えて、相手を「許す」ことができれば、そこから至上の愛が生まれます。そしてそれを可能にした本人は、魂の波動を急速に高め、大きくステップアップすることができます。

またその時には、深い至福感を感じるでしょう。

これが「マイナスの愛」です。

佐藤さんご一家の話に戻りましょう。

香澄さんの過去世であるマリーの愛人シャルルは、現世でのご主人です。

確かに過去世の影響も手伝い、商売に関して上手なのでしょう。

しかもご主人は自分から、浮気や裏切りをするような「特別な状況設定」を求めているような感じさえ見られます。

でも今生では、それほど被害が大きくならないうちに対処できるのではないでしょうか。

香澄さんには、それだけの自信を持って前向きに生きてもらいたいのです。

最も重要なことは、娘ロレンが今生でも娘役を引き受けて、二人の間に生まれており、香澄さんあるいはご主人の人生をサポートしてくれることは間違いありません。

三　調和の意味を知る

●すべての魂は本来、一体化した神の一部

私たちは「神の計画」に基づき魂となり、今、地球という惑星において人間という肉体をまとい、生かされている存在です。

この地球において、それぞれの魂が本来果たすべき課題に真剣に取り組み、かけがえのない自然、地球、そして宇宙の素晴らしさを確認することにより、神（宇宙神）と意識を共有できます。

それと同時に、他の魂とも意識を共有化することができるでしょう。

このように、お互いの存在が「本来一体化した神の一部」であるという事実を理解すれば、何も問題が生じることなく、すべての存在と共に生きるようになります。

お互いが仲よく、自然とも仲よく生きていくことこそ、共生の唯一の道なのです。

逆に、他人を全く別ものと考え、他人を支配したがると様々な問題が生じます。やがてはそれが、すべての争いの種となるのです。

宇宙や自然との一体化は、そのまま神との一体化へとつながり、他人とも「自他一如」の心境になります。

それゆえ、行き過ぎた資本主義の現代社会においては、このような共生の理念と全く対極の考え方である「エゴ」に支配されている人たちの心を、いかに解放するか、つまり、いかに心の波動を上げることができるかが重要なポイントです。

「共生（調和）」の事例

●関西ノリでいつも明るい「オカン」にかかる暗雲

秋山祥子さんは関西出身者特有のノリで明るくてパワフルな「オカン」的存在です。現在は東京近郊のK市で、小さいながらも一戸建てに住み、夫と三人の子どもに恵まれ、毎日楽しく過ごしています。

関西人の「誇り」というわけでもないのですが、祥子さんは関西弁について特に愛着を持っていました。子どもたちはすでに東京の言葉を使っているにもかかわらず、彼女は一向に変えようとしません。

そのせいかもしれませんが、祥子さんは徐々に関東人の冷たい雰囲気が気になり始め、最近では少し嫌になっていました。

ささいなことかもしれませんが、彼女にとって、それはまるで異民族間の「衝突」のようにも感じられました。

●過去世の物語…カワチ部族長の娘として隣国に嫁いだ元気な女性

群青《ぐんじょう》に染まる太平洋の海原に浮かぶ大小緑の島々がとても美しく見えます。

その中でも、大陸から少し離れたところにある日本列島の豊かな山々が印象的に見えてきました。

約一万二〇〇〇年前から続く縄文時代の前期〜中期の時代で、今から七〇〇〇年ほど前のようです。

秋山祥子さんの過去世であるクリヒメは、現在で言うところの大阪・淀川左岸、つまり南側の河内地域に広がる米作地帯である「ナニワ」と「カワチ」、それに「ミナト」を有する部族長の娘として、イコマの山のふもとで生まれ育ちました。

ちょうど日の沈む西には、セツ（セッツ）のムコ山が要石のように悠然と構えており、その奥には港湾全体を防護する天然要塞のように、アワジの島が横たわっています。

海に目を転ずると、豊穣《ほうじょう》な海の幸を提供する漁場である湾内と、西国地方のナカツ国とツクシ国を結ぶ航路としても使われるセト海が、夕日に映えて美しく黄金色に輝いています。

クリヒメはカワチの長であるカワチヒコの次女として生まれたのですが、長女である姉が小さい時に病死したため、実質的には長女のように育てられました。彼女は弟や妹の面倒見のよい、元気な娘に育っていきました。

カワチと隣接するセツの首長であるセツヒ

コは、若くして跡を継ぎ、このため隣国の首長であるカワチヒコを頼り、実父のように慕っていました。

二つの国はそんな関係だったため、セツヒコはカワチに来ることが多かったため、自然と彼はクリヒメとも親しくなりました。

その後、クリヒメが一六歳になった時に、彼女はセツヒコに嫁ぎました。といっても、淀川のすぐ向こうがカワチですから、若いクリヒメにとっては、好きな人のところに遊びに来ているという感覚だったようです。

●当時、日本列島は「四大勢力」によって構成されていた

ここで、私のビジュアル・スクリーンに映った当時の日本列島の様子をレポートします。

当時の日本には、次の四つの勢力圏がありました。

「ヒダ国」

中部圏。最も古く天の星から神が降りたと伝えられている山の頂《いただき》が連なる地方。現在の長野・岐阜・富山地方。

特色…いにしえの昔から伝統文化を有している人々が多い地域です。神々の降臨の地と

して他の国々から尊敬されていました。ただし山地という地勢もあり、多くの民衆を賄うような産業はありません。

「ヒタカミ国」

東日本圏。関東から東北にかけた広い地域。ヒダ国に次ぐ古い伝統を持ち、東の大部族国。

特色…暖かい関東地区から少し寒い東北と北海道の一部を有した広大な地域。人口も多く、一大文化圏を形成した。中部の名古屋地域や北海道・千島・樺太、および大陸の一部地域（現在の沿海州および朝鮮半島など）へも、村・部落的形態で広がっていました。主要な地域では米作や果樹園、さらに漁業や狩猟といった産業が盛ん。一方で、神国ヒダおよび正統な系譜を有して権威のあるアスカ・ナラに対しては敬意を表した。そのためか、どちらかといえばユーラシア大陸へ進出することが多かったようです。

「ツクシ国」

西日本圏。現在の中国・四国地方と九州・沖縄一帯および諸島から成っており、ヒタカミ国に次いで人口も多く、ひと味違った文化圏を形成。

特色…大陸の揚子江流域および朝鮮半島へも部落的形態で広がっていたようです。太平洋の神話があったためか、積極的に海洋へ進出していました。

特に「ステルス」率いる集団は南米の太平洋岸へ、また「アマ」が率いる集団は北米の太平洋岸地域へと進出したようです。

ツクシ国では古い種類の米と麦の穀物栽培と漁業が発達しており、国力も豊かでした。

「アスカ・ナラ国」

関西圏。一番新しい部族国。

特色…神国ヒダからの正統性を保持しており、いにしえの皇帝である大王をアスカに擁し、新種の米および小麦などによって著しく成長している国です。

カワチとセツ（セッツ）もこのアスカ・ナラに属し、かつそれぞれが大規模な米の主産地として、また漁業基地として機能していました。

そのため順調に人口が増え、安定して繁栄する地域になっていました。

●人口問題解決のための「移住地」開拓の旅

セツヒコと結婚して一〇年が経ったクリヒメは五人の子どもに恵まれ、幸せな毎日を過ごしていました。

セツヒコは、徐々に首長としてふさわしい人物となり、最近ではアスカの大王の信頼を得るまでになり、政《まつりごと》にも携わるようになりました。

ところで、東のヒタカミ国と西のツクシ国は、独自に発展する地域を有していましたが、アスカは新興国であり、かつ狭い地域に限定されています。その中で、年々増加していく人口を考えると、いずれの日か、これらの隣国との争いがいよいよ懸念されるようになりました。

このため、アスカの大王はセツヒコに命じて、ツクシ国の技術を借りて大きな大陸への調査、つまり「移住地域の選定」を命じたのです。


大王の命を受けたセツヒコはクリヒメと子どもたちにしばしの別れを告げ、ツクシ国の協力を得て、部下たちとともに太平洋やインド洋へと冒険の旅に乗り出しました。

一年後、セツヒコら一行は、現在の中近東地域の二つの大河の間（メソポタミア）に、小麦の栽培地として極めて有力な土地を見つけ出しました。

この調査結果に、大王はとても喜び、移住を希望しなおかつ大航海に耐えられる多くの国民とともに、自らも移住することを決心したのです。

この移住計画に連携して、東のヒタカミ国も同じ人口問題で大陸の西・コーカサス地域などへの一部国民移住を計画、また西のツクシ国も同様に南に張り出したインド北西部へと一部国民移住することにしたのです。

その結果、日本列島における人口バランスが維持され、平和が永久に続くことを願いました。

●「スメル＝シュメール国」での大規模灌漑農業の成功

にわかにあわただしくなったクリヒメですが、多くの家族とともに、移住の準備には万全を期しました。確かに、両親や生まれ故郷、そして何よりも愛しい国との別れは、心が引き裂かれる思いでした。

しかし彼女は夫を信じて、移住こそ最適な解決策であることを理解していましたので、新天地で家族とともに、大王のもと頑張ることを誓っていました。

新しい国は穀物が豊富に実り、誰でも安心して住めることを祈念して「スメル（住める）＝シュメール国」と命名されました。

海路での民族大移動には、ツクシ国の船大工や船頭たちも参加して、一路「シュメール」

を目指して進みました。

到着した先はセツの葦原を数百倍も大きくした大湿原で、肌を突き刺すような豊かな太陽の恵みもありました。母国に比べると暑かったものの、確かに小麦などの生育にとっては良好な条件です。

移住に参加した人々は一致協力して早速開墾《かいこん》に取り組み、広大な田畑を作り上げました。やがて思った通り、小麦はすくすくと育ち、一年を待つことなく何度も収穫できるようになったのです。

大集団による移住から一〇年も経つと、大規模灌漑《かんがい》農業の発達を可能にしたこの「スメル方式」により、続々と暖かい地域、つまり亜熱帯で大河がある地域への挑戦が進みました。

シュメールの人々は、現在で言うところのナイル川・インダス川・黄河へと新天地を求めて文明を広げていったのです。

しかしながらそんな大成功の陰で、周辺の原住民との間に、徐々に違和感が積もっていったこともまた事実でした。

単純な狩猟採集か牧畜しかなかった未開の地に、いきなり巨大な文明社会、それも現代のような社会組織と、見たこともない建物や物質にあふれた世界が忽然《こつぜん》と現れたのです。

原住民サイドとすれば、最初は確かに恩恵も受けたし、上手に付き合っていましたが、いわゆる「格差」が開くたびに、ちょっとした反感から、徐々に反発＝好戦的な考え方が出てきたのも、仕方ないかもしれません。

この地域が、世界中の「悪魔教」的なもの、特にバビロンやユダヤの一部特殊な悪魔崇拝教などの発祥の地となった背景には、それなりの理由があったのかもしれません。

●偉大な夫の死後に発生した内乱

さて、アスカの大王はセツヒコたちの活躍によりスメル建国が極めて良好だったことを喜び、自らの尊称を「スメルミコト」とし、功績のあったものには広大な領地を分け与えました。

セツヒコとクリヒメの一族は、海から最も離れた地域をもらいました。

当初は原住民やベドウィンの人々、そしてカフカスでの「ヒタカミ国」からの移住者であるスキタイ人と友好関係を築き、領土を大きくしていきました。

そこは確かに複雑な他民族国家の様相となっていましたが、初代領主・セツヒコの崇高な霊性に裏づけられた、類い稀《まれ》な指導力と、愛を根底とした民族平等の仁政に、民族の違いを超えて尊敬が集まりました。

そのため、共同体意識がそれぞれの民族・部族の不満に勝っていたのです。

ただし、スキタイ人はシベリアの極寒の地を経由しながら数世代が経過するうちに、若干好戦的な集団になっていたようです。

このような状況下、セツヒコが生きている間は民族間で多少の不満があったとしても、友好関係を維持することができました。

しかしセツヒコが亡くなり、その息子の代になると、様々な不満が表出しました。

やがて一年後にはベドウィン族の反乱が起き、続いて土着の部族が反抗し、とどめとしてスキタイ人が反旗を翻《ひるがえ》すにおよんで、ついに内乱状態へと陥りました。この内乱により、クリヒメの子どもたちも多数死んでしまったのです。

そんな混乱の中、セツヒコの死後は実質的な国の指導者となっていたクリヒメは、改めて夫の志、つまり表面上の民族の違いを超えて、魂レベルで相手を信頼し、深い愛の心で国を統治する意味を知りました。

この危機は、最も信頼する大王スメルミコトが軍隊を派遣し、敢然と治安維持に乗り出したことと、スキタイ人の中でセツヒコの「恩義」を深く感じていた勇猛な武将が、クリヒメの中に、セッヒコと同じ国と民を思う心を感じて味方したことにより、収拾の方向へと好転しました。

何とか治安が回復すると、不安定ながらも新たなクリヒメ国として再出発したのです。

一連の波乱に富んだ人生を通じて、クリヒメは「大きな愛」を実践すること、つまり民族、習慣、文化、言葉などの違いを超えて、あらゆる他人を信頼し、調和を図り、誠実に当たることによって、人生が意義深いものになることが理解できたのです。

それは、魂レベルでの誠実な行動が必ず報われることを信じ続けた、亡き夫からの贈り物でもありました。

クリヒメは夫婦愛だけではなく、民族間においてもお互いを認め合う、いわば「地域愛」を大切にすることの重要性を知ったのです。

●「異なる地域」体験を再現して学ぶためのチャンス

様々な人々が存在して初めて、自分という存在の意味がわかります。

そして自分と他人を知ることによって、人間という存在の「意義」を知ることができます。

だからこそ、他人への「奉仕」は、自分自身の魂を大切にすることと同じあることがわかるのです。

歴史、文化、言語が違う民族同士の共生や調和は、困難な作業です。

しかしながらその作業は、お互いを認め合う、つまり相手の存在を肯定することによって自分たちも肯定される、という意味です。

ここで大切なのは、あくまでも魂レベルでお互いの存在を認めること。言葉の上だけでの共存共栄ではありません。

その意味では、正直者が損をする社会や、力が正義の暴力社会、また組織的な暴力が既存権力と共謀し幅を利かせるような社会＝国家は、共生の社会とは真逆の体制ですから、早晩必ず崩壊します。

絶対主義的な組織体ほど絶対的に崩壊するのは、歴史の必然なのです。

さて、初めて「異国の地」に住むようになった秋山祥子さんの過去世であるクリヒメは、様々な部族による色々な違い、特に文化に対する考え方や慣習の違いと、それを相互に認め合わないことが、やがて大きな悲劇を迎えることを、身をもって体験しました。

これらの魂の体験を通じて言えることは、まずは少しずつでもお互いを「知る努力」を続けることに尽きると思います。

祥子さんの現世は、過去世でうまく果たせなかったことの一つを、大阪を出て東京で永住という、確かにちょっと小さいバージョンではありますが、それでも「異なる地域」体験を再現して学ぶためのチャンスです。

誰しも日常生活において、そう簡単には越えられない「壁」が存在します。それを日々越えようとする小さな努力を重ね、行動し続けて初めて、人間は魂レベルで少しずつ成長していきます。

多くの人々が、そんな同じ意識を持ち、実践・行動する瞬間、魂レベルでの共生へと進むのでしょう。

もしかしたらそれが、神との一体化という計画かもしれません。

共生することにより、その一体感の「意識」がさらに高まり、自ずとそこには調和が生じます。自然と心が和み、魂レベルにおいて一つの方向へと向かうことこそ調和です。

その結果、いわゆる宇宙本来の五次元レベルに、地球とともにアセンション（次元昇華）できるのではないでしょうか。

四　感謝の意味を知る

●人間は神に「新しい認識」をプレゼントする存在

自由意思を持つ魂が、それまで蓄積してきた知識や体験を超えて、それまでの「神の想定」を超えるような行動によって、新たに自然・宇宙の素晴らしさを理解する…。

実はそれこそ、新たな体験を味わいたい神の願いであり、神の計画の真髄なのではないでしょうか。

こういう体験の中における感謝とは、すなわち神を信頼することであり、神が絶対に応えてくれると認識することです。

私たち人間が今、個々に存在するということは、神の計画に従って今生の課題をクリアしようとしているわけですが、実はそれ以上の「何か」を行うために私たちは生かされているのだと思います。

つまり、私たちが存在する最大の理由は、神の一部である魂によって、現世で何らかの「サプライズ」を体験し、その体験と結果としての学びを己の魂に刻むことによって、神に「新しい認識」をプレゼントすること、つまり、さらなる宇宙の進化に私たちが「貢献」

することではないでしょうか。

現世に生まれた私たち人間には、それぞれが果たすべき目的が存在します。

それを「それぞれの生」において、人生の課題というテーマとして掲げているのです。

それぞれの人間が存在して、与えられた課題を成し遂げるまでの間が、「生かされている」という時間的観念そのものかもしれません。

「生かされている」の事例

●お気に入りの息子と離れてすっかり生気の失せた女性

福岡県出身の吉川富士子さんは、キメの細かい黒髪と大きくて丸い瞳がとても印象的な、明るい五〇代の女性です。

公務員であるご主人と結婚し、全国様々な地域へ数年ごとに引っ越していたのですが、二人（一男一女）の子どもの中学受験を期に、東京都内の小さなマンションに住み始め、かれこれ七年ほどが経ちました。

夫とも話し合った上で、彼女は息子の将来を考慮して、彼を寄宿舎のある学校へと入れました。

すると、富士子さん自身の生活が大きく変わりました。彼女は何だか、心の張りをすっかりなくしてしまったようなのです。

いつも一緒にいて楽しかった息子との思い出が、はるか彼方に消え去ったようにも感じられ、富士子さんは生きがいをなくした様子でした。

●過去世の物語…王兼神官一族の長女として生まれ育った

『旧約聖書』の出エジプト記に登場するモーゼと対立するファラオ（パロ）がいた頃より、一〇〇年ほど前のエジプトが見えてきました。

吉川富士子さんの過去世のセトは、エジプトの母なるナイル川の中部地域の最重要都市であるテーベで、「上エジプト」王兼神官の第一子（娘）として生まれました。

彼女には二歳年下の弟が一人いました。といっても姉らしい性格ではなく、どちらかといえば「蝶よ、花よ」とかわいがられて育ったため、他人から常に愛されたいと願う女性になってしまいました。

テーベの街がある地域は上エジプトと呼ばれ、スメル系および一部のアフリカ黒人が住んでいました。

一方、現在のカイロ周辺の「下エジプト」はスメル系だけではなく、「コーカサス系」と「アトランティス系」の住民もいました。特に、数百年年以上もかけてゆっくりと海没していったアトランティス大陸からの住民が多く混在していました。

私のビジュアル・スクリーンによると、アトランティス人は主としてアフリカの地中海沿岸地域に移住し、その一部がヨーロッパのイギリス西部・アイルランドからスペイン・フランスの両バスク地方、さらに北米大陸の一部にかけて住むようになったと思われます。

セトの父「アメン」は上エジプト王であると同時に、最高位の神官としてテーベに住んでいました。その治世は二〇年以上にわたり、アメンは弟である「アイ」軍事長官との二人三脚で、よき統治を行っていました。

セトにとっては叔父になるアイは、セトの父アメン、セトの弟の「ツタン」を補佐する軍事長官であるとともに、神官の筆頭書記官でした。彼は、常に正統スメル一族の繁栄を祈念し、王を守り抜く強い精神力を持っていました。

というのも、正統スメル一族が繁栄していた地「メソポタミア」において、内乱が拡大し、最終的にはベドウィン族の策略によって国家が略奪され、やむなく逃げるようにして移住しなければならなかったからです。

しかも、地中海沿いの下エジプトには、以前からスメル人コロニーがあったため、その地域を避け、現在のナイル川中流域までようやく移動してきたのでした。

●父王の死後、王家の伝統に従い実弟と結婚

上エジプト王アメンの統治は、次の通りでした。

① 内政的には神々の祭祀をよく行い、スメル系および黒人系の差別なく両者に平等の自由を与える

② 産業についてはナイル川の継続的観測による洪水予防策を充実させると同時に、灌《かん》

漑《がい》用水利用による小麦の収穫量増大に注力・成功。また海外へ通じる紅海の港を活用した輸出入取引も活発化

③外交面では隣接する下エジプトとの友好関係の保持を第一優先にするとともに、南に存在する数多くの黒人部族との紛争防止に尽力

しかしアメン王の晩年近くになり、アジアからヒクソス（ユダヤ）人が侵入するようになり、やがて下エジプトを越えて、上エジプト領内でも争いを起こすようになってきたのです。

ついに王は、弟である軍事長官とともに大軍を率いてヒクソス征伐《せいばつ》に乗り出しました。戦争自体は、侵略者を撃退して大成功だったのですが、その時の戦傷がもとで、テーベに帰還して間もなく、王は亡くなってしまったのです。

次期の上エジプト王になるため、弱冠一七歳の弟ツタンは王家の伝統に基づき、一九歳になった姉であるセトと結婚、父の跡を継いでテーベの王兼最高位の神官となりました。

これは王家に伝わる同族結婚で、近親相姦的な結婚です。

しかしセトは、それについてもよく承知していました。

実はこれ、古代の天皇家も同様でした。

正統な血筋を受け継ぐための「智慧《ちえ》」だったのでしょう。世界的に見て、この慣習があったことが歴史として残っている民族は、イスラエル人と日本人の二例しかありません。旧約聖書におけるイスラエル人の慣習と、いわゆる平安時代までの日本人が妻のことを「吾妹《わぎも》」と呼ぶ慣習などに、その一端が窺《うかが》われます。

この純粋に血統を残すための結婚が廃止になったのは、かの大化の改新以降です。藤原不比等が策略により権力を握り、その後に藤原家の娘を継続的に天皇の后にするようになってからです。

これは古代朝鮮半島出自である藤原家が、陰から大和政権、つまり日本を牛耳ろうとした、巧妙な工作でした。

幼い時分からセトは、姉とはいえ弟のツタンに甘えるようなことをしていたので、姉さん女房というより「幼な妻」的な雰囲気だったのです。まるで「恋に恋している」ような、乙女心状態そのものだったのです。

だから二人は夫婦というよりは、幼い娘が恋遊びしている、言葉は悪いですが、つまりはおままごとみたいな状態でした。

●反逆者の手によって夫婦ともども暗闇の牢獄へ

平和だった王国も、それから数年後、風雲急を告げる情勢となります。アジア賤族《せんぞく》であるヒクソス（ユダヤ）人が、再度大挙して下エジプトへ侵入するという事件が起きたのです。

彼らがいつ何時、上エジプトへ矛先を向けてくるのかわかりません。このため、対ヒクソス戦に備えた戦闘訓練を早急に開始しました。ところが、運の悪いことは続くもので、ツタンがその訓練途中に落馬して重傷を負ってしまいました。

さすがにこの時のセトは、今までの甘えているだけの妻では役に立たないと悟り、誠心誠意、夫であり弟でもある王ツタンを看護しました。

しかしさらに悪いことに、下エジプトに侵入したヒクソス人が、時を置かずに上エジプトへ向けて進軍してきたのです。

このためツタンは、叔父で軍事長官のアイに命じて、普段は王宮を守る任務である近衛兵などの最精鋭の軍隊を祖国防衛のために国境へ出動させました。

いよいよ戦いの幕が切って落とされたのです。

当初はヒクソスの優勢が王宮に伝えられました。するとこの報せに呼応するかのように、王を守るべき近衛兵がいない状況を見据えて、若き王に反旗を翻す輩《やから》が出てきたのです。

これらの反逆者たちにより、王と王妃が急襲されました。重傷のツタンは抵抗できず、二人は牢獄に幽閉されてしまったのです。


この時ツタンとセトは、人生の最期を感じました。

真っ暗な湿った牢獄で、食事も水も与えられないばかりか、入れられたきり一度も外の光さえ見ることができません。まるで二人の衰弱死を待っているかのようです。

牢獄に閉じこめられて、どのくらい経ったのかさえわかりません。暗闇だけの世界では、時間の感覚さえなくなりました。

暗い、寒い、怖い、喉が渇く、ひもじい…

あとは死ぬしか道が残されていないと思うようになりました。

セトは、真っ暗闇の牢獄の中で次第に衰弱していくツタンを抱きかかえ、何もすることができない自分に強烈ないらだちを感じました。

傷ついて動けない、愛する人を、幸せにするどころか命さえ助けることもできない自分は、一体何のために生きているのか。存在する意味さえない…。

冷たい涙がセトの頰を伝わっていきました。力ない表情で、ツタンはセトに語りかけます。

「暗い…寒い…もう疲れたよ。でもね、暗い瞼の中に見えるのは、セトとの楽しい思い出ばかりだ」

もう何も言わないでと、セトは心の中で叫びました。

そしてその叫びは、ますます頰を伝う涙を増やしていったのです。

時が止まったかのような静寂が、二人の命の灯を消そうとしていました。

●夫王の死後、今度は叔父である新王の妃となった

しかしながら、二人にはまだやるべき課題が残っていたようです。

ツタンに祖国の命運を託され、国の最後の砦《とりで》と呼ぶべき国王直轄の近衛兵まで指揮下に入れてもらったアイが、圧倒的に多数の侵略軍の攻撃に耐え、自ら少人数の精鋭部隊を引き連れてヒクソス軍の指揮所を急襲、一挙に形勢を逆転させたのです。

部隊の中枢をやられたヒクソス軍は、雪崩《なだれ》を打つように総崩れとなり、我先に逃げ始めました。上エジプト軍はこの時とばかりに全力で攻勢に転じ、追撃を決行。ついには下エジプトを含む全エジプトからヒクソス軍を駆逐し、祖国解放を果たしました。

その第一報がテーベ王宮へと届くと、反逆者たちは軍事長官の報復を恐れ、王と王妃のことさえ忘れて、まるでクモの子を散らすように逃げ出しました。

凱旋《がいせん》してきたアイは真っ先に王と王妃のところへ向かったのですが、王城の様相が違います。異変に気づいたアイは、すぐさま王と王妃を牢獄から救出し、重体となっていた王の手当てをしました。

国民の願いとセトの必死の看病の甲斐もなく、それから一カ月後、ツタン王は亡くなりました。


若き王ツタンが即位からわずか数年で死亡したことによって、王家の男子は叔父のアイ一人になってしまいました。

このため、生き残ったセトは王家の慣習に従い、新たな王となるアイと結婚することになりました。

セトはツタンの後を追うことなく、流れのままに生きていました。

これもセトの運命なのでしょう。慣例に従い式を挙げ、上エジプトの王にはアイが即位しました。

●スメルの神々と祖先なる地「日出ずる国」へと戻る決心

この時、セトは初めて愛の形を知ったように感じました。

大切な人が、存在してくれるだけでいい。

そして存在してくれたことに、感謝するということを…。

やがてセトは、一年後に娘を、二年後には息子を出産しました。

子どもたちを生み育てている自分自身を顧みて、セトはようやく「自分の役割」がわかったような気がしたのです。

「この子たちは次なるスメル系の王統を継承していく者たち」

そう、私には「伝えていく使命」があったのだと。

ツタンの物語を継いでくれる者たちが生まれるまで、私は「生かされていた」のだと、セトは初めて理解したのです。

そこには、深い愛の存在を、心と体以上に魂で感じることができたという幸せがありました。


スメルを継ぐべき息子の出産後、セトは一年もしないうちに亡くなってしまいました。

愛が何であるかを、彼女は充分わかったからです。

セトの叔父であり夫でもある王アイは、数年のうちに王家の一族が相次いで死んでしまったことに対して、強い危機感を感じるとともに、本来のあるべき姿に戻ろうと、ある決心をしました。

それは、スメルの神々と祖先なる地である国、つまり「日出ずる国」へ戻る決心でした。

やがて、アイはスメル一族を引き連れて東へ船出します。

まずはインド洋を横切り、そしてその先にある海を上り、太平洋の彼方にある日出ずる国へ…ムーの正統な後継国へと旅立ったのです。

●愛した夫ツタンは今生で息子として転生

前述しましたが、私たち人間が存在している本当の理由は、自然＝宇宙に寄与することにあるのだと思います。

宇宙＝神のために「プラスアルファ」の人生を歩む。

そこにこそ、私たちの人生の意義があるのかもしれません。

富士子さんの過去世であるセトは、弟であり夫でもある王ツタンを失ったのですが、自分は一族のため「生かされていた」という事実を理解しました。

事故や病気によって、生きたくても生きられない人が大勢いる社会において、実は「神の計画」という仕組みの中で、課題を遂行するために生かされていることがわかったのです。

富士子さんの今生において、セトだった時代の実弟ツタンは、寄宿生活を選択した息子として転生していました。

本当に大切な、魂レベルでつながりのある親子だったからこそ、孤独という修行に耐えることができるのです。

そしてそのことを「体験」として魂に刻んだのなら、もっと楽しい夢のある世界を、この現世で実現可能なのではないでしょうか。

あれから数年経った現在、息子となったツタンは厳しい寄宿生活を終えて自宅へと戻り、大学生活で自分のやりたいことに熱中しています。

セト＝富士子さんはツタンの成長を、身近に感じながら見ているわけですから、毎日がドキドキの連続でしょうね。

エピローグ

光明氏の驚くばかりの霊視経験に基づくお話は、いかがでしたか？

さて、ここでプロローグを、ちょっと思い出してください。

過去世で不倫・略奪愛を経験した家族のお話です。

アイ子さんは過去世において、現在の父である健人さんの妻でした。

彼女は確かに貴族だった過去世において、大恋愛から結婚し、子どもにも恵まれ、立派な家庭を築いていました。

しかし、段々夫よりも子どもへの愛情が増していき、子どもが大きくなる頃には、もはや人生を豊かにする夫婦愛という意味での夫への愛はなく、社交界での「地位ある貴族の妻」という形だけの名声しかありませんでした。

そんな時に現れた美女こそ、今生での母・恵子さんであり、夫と彼女による恋愛・不倫がアイ子さんの心にプライドと嫉妬を生じさせたのです。

だから現世において、恵子さんと健人さん夫婦の親しい態度を直接見ることにより、それが不倫の現場として「再現（重複したイメージ）」されたため、強烈な怒りとして表出したわけです。

ここで大切なのは、プライドというものの本質を知り、相手だけではなく自分自身の立場を深く理解するという点です。

この場合は、自分自身、夫への愛情が不足していたことを自覚し、さらに形にとらわれない愛の実践、つまり、子どもとして親への愛（孝）を実行することによって、深淵《しんえん》（トラウマ）を解決することが可能です。

嫉妬心ほど、心を悪くするものはないようです。

アイ子さんの場合も、もともとは自分自身の心がとっくに夫から離れていて、夫を冷遇していたという事実さえ理解できれば解決します。

つまり「許し」を与える立場にあることを認識すればよいだけです。

第二部「六　不倫関係」で述べたように、失恋、それも大きな失恋ほど価値があるということを知ってください。

このケースにおいては、一番高度なレベルでの「壁」ですから、そう簡単に越えられないのもまた事実です。だからこそ、数百年の時を経て、今回またチャレンジしていることになります。

●今生で許しを与えることは「ツインソウル」に出会うチャンス

人は失恋によって、愛すること、そして相手を許すことがどれだけ厳しいものかが理解できます。嫌がらず、ぜひクリアしていただきたいものです。

要は「気づき」によって納得すること。

たったそれだけのことなのです。

逆にそれを頑固に拒否したなら、現世だけではなく来世でも、再び繰り返すことになってしまいます。

アイ子さんだけが損をしていると思われがちですが、今生で許しを与えることによって、それ以上に素晴らしい男性（ツインソウル）が現れ、結婚して終生変わらない愛を育てることができるチャンスでもあるのです。

実はアイ子さんも光明氏の霊視を受けました。

当初は理解できなかったものの、お母さんのすべてを知った上での深い愛情の下、心が開かれ、学校に行くようになりました。今ではクラスの人気者として楽しい学校生活を送っています。引きこもっていた日々が嘘のようです。

そこには、カルマが解かれた深い喜びを見出すことができます。将来、きっと新しく素晴らしいツインソウルに出会うことでしょう。

神仏から愛を理解する場として、私たちは皆、現世に生かされています。

だからあなた自身の人生ドラマを大いに楽しみ、謳歌してください。

そして数々の愛を実践し、調和（共生）と感謝を人生という車の両輪として、輝いてください。

あなたは、あなたの人生ドラマにおける「自分」という現実の創造者です。だからこそ、人生はあなたが思う「魂のイメージ通り」にしか展開しません。

最後までお読みいただき、本当にありがとうございました。

光明氏ともども、皆様に深く感謝申し上げます。

池田整治

※現在、光明先生の写真鑑定の応募は締め切らせていただきました。申し訳ありませんが、ビジネス社では受け付けておりません。お手数ですが、再度の鑑定お申し込みやご質問は光明先生の公式サイト、もしくはお電話でご連絡ください。◇公式サイト http://co-may.jp　◇電話でお問い合わせ　☎03-6804-2689（光明先生のマネジメント窓口）

光明（こうめい）

對州流手相占い観士。六輪光神霊師。

幼いころから常識では考えられない現象に遭遇し続けたことから、長い間、その霊感能力を封印してきたが、10代半ばから20歳前後にかけて、触霊制限・霊視・遮断コントロールが可能となる。その頃から独学による手相・人相学の習得のほか、西洋占星術、四柱推命なども習得する。35歳の頃、偶然友人に霊視能力を知られたことをきっかけとして、現在では手相や人相だけでなく、必要に応じて対象者の過去世を霊視している。

平日の夕方や週末などに、時間の許す限り、様々な悩み相談に取り組んでいる。

池田整治（いけだ・せいじ）

元自衛隊陸将補（2010年12月1日退官。退官時、小平学校人事教育部長）。作家。

1955年愛媛県愛南町生まれ。防衛大学校国際関係論卒業。空手道八段、全日本実業団空手道連盟理事長。90年代半ばの第一次北朝鮮危機における警察との勉強会、それに続くオウム真理教が山梨県上九一色村に作ったサティアンへの強制捜査に自衛官として唯一人同行支援した体験等から、世の中の「本当の情勢」を独自に研究。北海道での単身赴任時代、太古から残る大自然に感動し、それまで一度も一緒に生活したことがなかった長女を含む四人の子供たちへ、万が一の場合、父の想いを残し伝えるためのエッセイ「心のビタミン」（メルマガ）と関連する紀行写真「北海道の四季」を始めた。2002年には初めて出品した「日本一の夕陽フォトコンテスト」でグランプリを受賞。

著書『マインドコントロール』（小社刊）。

心のビタミン（エッセイ）
http://www.emaga.com/info/heart21.html

転生会議《てんせい》

2011年2月2日　第1刷発行
2012年7月1日　第2刷発行

著　者　光明　池田整治
発行者　唐津隆
発行所　株式会社ビジネス社
〒162－0805　東京都新宿区矢来町114　神楽坂高橋ビル5階
電話　03(5227)1602(代)
http://www.business-sha.co.jp

<装丁>森 裕昌
<イラスト>佐々木國男（ムゲンデザイン）
<本文DTP>創生社
印刷・製本／大日本印刷株式会社
<編集担当>本田明子　　<営業担当>山口健志

ISBN978－4－8284－1617－5